KB158261

회사 심리 병법

회사 심리 병법

조범상 지음

알키

일보다 사람이 힘든
당신에게

평소 주변 사람 구경을 좀 하는 편인가?

팀장, 동료의 말과 행동을 그들의 눈높이에서 이해할 수 있는가?

그리고 3분 안에 '나'를 설명할 수 있나?

이 세 가지 질문이 '회사에서 생존하기 위한 심리 병법'의 출발점이다.

사람 구경

세상에서 제일 재미있는 놀이 중 하나가 사람 구경이다. 카페에 앉아 커피 한잔 마시면서 지나가는 사람들의 행동이며 생김새, 옷차림을 보고 있노라면 세상이 재미있어진다.

회사에서도 이런 사람 구경은 꽤 재미있고 쓸모 있다. 독심술과 같은 특별한 능력이 없더라도 책상에 앉아서 사람들의 대화 내용과 행동 들을 유심히 살피다 보면 직장상사와 동료의 특성이 하나,

둘 보이기 때문이다.

'팀장님은 한 가지 일을 두세 명에게 똑같이 지시한다.' '상사의 총애를 받는 이 차장은 본인이 수습하지도 못하면서 나서기 좋아한다.' '김 과장은 열심히 하는 것 같은데 진척이 더디고….'

평소에는 주의 깊게 보지 않았고 기억에 남지도 않았던 사람들의 행동들이 마치 하나의 코드처럼 구분이 되어 머릿속에 자리 잡는다. 그래서 사람 구경은 상대를 이해하기 위한, 세상에서 가장 재미있고 의미 있는 놀이다.

눈높이 맞추기

유치원에 다니는 아이가 매일 등원을 할 때마다 집에서 물건 하나씩을 가지고 나갔다. 이유를 모르는 엄마는 '무겁고 성가시니 가지고 가지 말라'고 아침마다 아이와 전쟁을 벌였다. 어느 날 아이의 하원 시간보다 일찍 도착한 엄마는 아이가 왜 물건을 가지고 가는지 그 이유를 알게 되었다. 갓 이사 와 주변에 친구가 많지 않던 아이는 집에서 가져간 물건을 보여주고 나눠주면서 친구들에게 다가갈 기회를 만들고 있었던 것이다.

연초 팀장 자리에 앉게 된 박 부장은 요즘 들어 전임 팀장의 묘한 행동들을 곱씹게 되었다. 과장 시절, 전임 팀장에 대해 가장 이해할 수 없던 한 가지는 바로 '똑같은 일을 여러 명에게 시키는 행태'였다. 전형적인 인력 낭비라 생각했고, 술자리에서 어김없이 "팀장 타도"를 외치게 만든 계기였다. 하지만 입장이 바뀌어 보니 전임 팀장의 행동이 조금은 이해가 되었다. 불안 때문이었다. 많은 일로 정신이 없던 전임 팀장은 상부의 지시사항을 하나라도 놓칠까 봐 걱정이 되었던 것이다. 그래서 '한 명이 펑크를 내더라도 다른 누군가는 하겠지!'라는 생각으로 똑같은 일을 여러 명에게 지시했던 것이다. 팀장 위치에 오른 자기 자신도 어느 순간부터 그러한 전임 팀장의 행태를 따라 하고 있었다.

사람 구경이 곧 사람에 대한 이해를 의미하지는 않는다. 상대의 반복적인 행동과 말을 통해 특징을 파악할 수는 있으나, 단순히 본다고 해서 아는 것은 아니다. 왜 똑같은 행동이 반복되는지 알기 위해서는 해석이 필요하다. 지식과 경험이 필요하고, 눈높이를 맞추는 자세가 중요하다.

이해가 되지 않는 상대의 태도와 행동에 대해 무작정 불만을 토로하고 비난만 해댈 일이 아니다. 엄마가 아이의 행동을, 팀장이 전임자의 업무 방식을 이해하려면, 자신의 눈높이를 상대에게 맞춰 봐야 한다. 그래야만 비로소 진정한 이해가 가능하다.

너 자신을 알라

요즘은 많은 회사에서 간부들을 대상으로 리더십 테스트들을 실시한다. 리더십 개발과 코칭을 목적으로 각자의 강점과 약점들을 파악하기 위한 것이다. 자가테스트도 있지만, 상사나 동료, 부하 들이 평가해주는 테스트도 있다. 그런데 테스트 결과를 전달할 때 진단지를 받아 든 간부들의 반응이 참 재미있다. 고개를 끄덕이거나 웃는 사람도 있는 반면, 격하게 결과를 부정하는 사람도 있고 무관심한 듯 반응조차 하지 않는 사람도 있다. 결과에 충격을 받아 한동안 말을 잇지 못하는 사람도 있다.

'남을 아는 자는 슬기로운 사람이고, 자신을 아는 자는 명철한 사람이다'라는 옛말이 있지만, 생각보다 많은 사람들이 자기 자신에 대해 모르거나 알려고 노력하지 않는다.

그러나 정확히는 모르더라도 나란 사람에 대해 이해할 수 있는 방법들은 있다. 내가 누군가를 대할 때 반복적으로 하는 행동이나 말이 있는지 먼저 생각해볼 일이다. 오랫동안 알아온 지인이나 가족에게 나에 대해 물어보는 것도 방법이다. 좀 더 자세한 진단을 원한다면 회사에서 강제로 당하기 전에, 성격 검사나 심리 검사를 한번 받아보는 것도 좋다. 남을 알고 나를 아는 것이야말로 좋은 인간관계의 출발점이니 말이다.

심리 병법

직장 생활에서 '일'이 중요할까? '인간관계'가 중요할까?

직장인들이 모인 자리라면 어김없이 상사, 동료, 부하 직원에 대한 불만과 뒷담화가 끊이지 않으니, 모르긴 몰라도 인간관계 역시 직장 생활의 질을 결정하는 중요한 요소임에는 틀림 없는 것 같다.

이 인간관계에 능통한 사람도 있지만, 이것 때문에 회사를 떠나거나 힘든 시기를 겪는 직장인들도 많다. 때로는 축적된 스트레스 때문에 병원을 찾거나 감정적인 폭발을 일으키는 사람도 있다.

인간관계를 잘 하는 사람과 유독 힘들어하는 사람의 차이를 가만히 들여다보면 그 차이는 마음 사용법에 있음을 알게 된다. 물론 상대가 지극히 외계인 같아서 갈등을 겪는 경우도 존재하지만, 인간관계를 어려워하는 사람일수록 다른 사람을 관찰하는 데 서툴고, 상대의 반응을 이해하지 못하는 경향이 있다.

전쟁터에서 적의 움직임과 상황에 따라 용병술과 전략을 달리하듯, 사람을 상대할 때도 이와 같은 접근이 필요하다. 상대의 심리를 관찰하고 이해하려고 노력하며, 상대에 따라 자신의 말과 행동을 조절해야 하므로 이를 두고 '심리 병법'이라 할 만한 것이다.

삼각관계

회사에서는 내가 처한 상대적인 위치에 따라 심리 병법을 달리해야 한다. 상대적인 위치는 삼각관계에 가깝다. 우리는 누군가의 상사이며 동료이자 부하직원이기도 하다. 각각의 위치에서 해야 할 역할이 다른 것처럼 사람과의 관계를 풀어가는 방식도 달라야 한다. 좋은 사람이라고 모든 관계를 잘 이끌어가는 것도 아니다.

상사는 부하직원들의 일하는 방식에 초점을 맞춰 해법을 찾아야 한다. 자신의 일하는 방식에 직원을 맞추려고만 하지 말고 각자가 가진 장점을 살리되 부족한 부분을 채워주는 것에 초점을 맞춰야 한다. 상사는 '나처럼 일해야 성공한다'는 식의 사고를 버려야 한다. 시대가 변했고 사고방식도 변했다. 직원들은 '조직 속의 나'가 아닌 '내가 속한 조직'이라는 생각이 강한 세대다.

부하직원들은 상사의 리더십 스타일에 주목해야 한다. 상사는 일을 하는 사람이라기보다는 일이 되게끔 하는 사람에 가깝다. 조직 전체를 이끌어가는 역할도 맡고 있다. 심리학에서 이야기하는 리더십 스타일에 따라 상사의 유형을 구분하고 유형별 특징에 따라 자신의 행동을 맞춰가는 것이 중요하다. 이것에 둔감하면 갈등은 불가피하다. 결국 둘 중 한 명이 조직을 떠나지 않는 한 문제 해결은 요원해진다.

동료 관계는 상하 관계와 그 해법이 사뭇 다르다. 서로의 성격 궁합이 우선이다. 동료 사이는 연인 사이에 비견될 만큼 가깝기 때문에 두 사람이 서로 성격이 맞아야 마찰도 없다. 두 개의 톱니바퀴가 착착 맞아들어가듯 서로의 성격 차이를 이해하고 맞춰나가려는 노력이 절실하다.

무한한 도전

MBC 간판 예능 프로그램 〈무한도전〉은 10년 넘게 시청자들의 사랑을 받고 있다. 다른 방송에서는 보기 힘든 신선한 소재, 땀 냄새나는 도전과제, 개성 있는 각각의 캐릭터가 더해진 결과라 할 수 있을 것이다.

그러나 〈무한도전〉의 롱런 비결로 빼놓을 수 없는 것이 바로 출연진들 간의 마음 궁합 아닐까 한다. 방송을 위해 의도적으로 만든 것일 수도 있지만, 〈무한도전〉 출연진들은 각자 너무도 다른 캐릭터들을 가지고 있다. 그 때문에 지나치다 싶을 정도로 방송에서 티

격태격하는 모습을 보이기도 한다. 하지만 서로가 상대의 마음을 이해하고 또 이용할 줄 알기에 관계가 어그러지거나 팀워크가 저해되는 모습을 보이지는 않는다.

처음부터 이들의 궁합이 잘 맞았던 것은 아니었을 것이다. 이들은 서로 삐걱거리는 모습도 보였지만 오랜 시간을 같이하며 서로의 캐릭터를 이해하고 팀워크를 다졌다. 이것이야말로 프로그램의 인기가 오래도록 유지되는 비결이 아닐까?

인간관계를 만들고 얽힌 매듭을 푸는 과정은 생각보다 쉽지 않다. 특히 '회사'라는 공간에서 '일'이라는 이해관계로 만난 사이에서는 더욱 그렇다.

그렇지만 무작정 힘들다고 마냥 문제를 마음 한편으로 치워 둘 수만은 없는 일이다. 다행히 해법이 전혀 없는 것은 아니다.

이 책은 직장을 다니고 있거나 취업을 준비하는 이들에게 회사 내에서 형성되는 관계의 특성들을 설명하고, 각각의 위치에서 주변 사람들과 보다 나은 관계를 형성할 수 있는 작은 단초를 제공하고자 기획되었다. 사람 때문에 지치고 힘든 대한민국의 모든 직장인들에게 이 책이 미약하나마 작은 도움이 되었으면 하는 바람이다.

조범상

Contents

들어가는 글_ 일보다 사람이 힘든 당신에게 5

1장 삼각 스캔들, 애증을 넘어

1. 회사생활, 3년이면 정 떨어진다는데 19

2. 로열티 없는 부하, 진퇴양난 상사, 경쟁자 동료 25

3. 플레이보이는 상대의 심리를 이용한다 40

2장 난공불락, 상사의 심리
-상사의 '리더십스타일' 진단법

1. 실적 1위 금자탑의 그늘, 워커홀릭형 55

2. 오타 하나에 만 원, 매니저형 63

3. 경청만 하는 리더가 주는 좌절감, 연예인형 71

4. 카리스마로 둔갑한 리더십, 혁명가형 78

3장 넌 누구냐? 정체 모를 부하직원의 심리

-부하직원의 '업무스타일' 진단법

1. 이봉주보다 우사인 볼트가 좋다, 질주형 93

2. 나만의 방식으로 고집스럽게 간다, 뚝심형 105

3. 왜 일을 깔고 뭉개고 있어?, 말뚝형 115

4. 독설이 나의 힘 까칠 대마왕, 나 잘난형 125

4장 동상이몽, 동료의 심리

-동료의 '성격스타일' 진단법

1. 뒤에 서면 답답하다, 앞잡이형 145

2. 내가 빠지면 재미없지, 사교형 154

3. 대세를 거스르면 쪽박 찬다, 현상유지형 164

4. 섣불리 나서면 다친다, 주도면밀형 172

5장 그래도 비켜 갈 수 없다면

1. 정장 입은 상사, 똥바지 입은 부하 185
2. 어떻게 화를 낼 것인가 190
3. 입을 닫고 있느니 차라리 수다가 낫다 196
4. 기억력이 너무 좋은 것도 심리건강에 해롭다 200

 ## 부록 삼각 스캔들을 둘러싼 또 하나의 심리, 조직의 속마음

-우리 조직 '심리 건강' 진단법

1. 예스맨 조직이 가져온 반전 213
2. 성골과 진골의 구분이 조직을 와해시킨다 219
3. 해온 방식 그대로 223
4. 냉소주의가 조직을 얼어붙게 만든다 228
5. 방관자가 많으면 조직의 성장이 더디다 234
6. 스스로를 고립시킨 두꺼운 벽 239

참고자료 245

1장

삼각 스캔들,
애증을 넘어

과거에는 어떤 조직이든 인간관계가 '사수'와 '부사수'로 연결되어 있었다. 선배는 이제 갓 들어온 신입사원의 사수가 되어 업무를 가르치고 적응을 돕는 역할을 맡았다. 부사수가 된 신입사원은 사수인 선배의 말에 귀 기울이며 그의 일거수일투족을 닮기 위해 노력했다. 이는 제도로 만들어진 사항이라기보다 자연스럽고 당연한 일로 여겨졌다. 이를 통해 신입사원들은 조직에 안착할 수 있었고, 소속감도 가질 수 있었다.

　　지금의 현실은 이와 사뭇 다르다. 입사와 동시에 생존경쟁이 시작된다. 누가 누구를 가르쳐주고, 보호해주지 않는다. 실력이 있으면 선배보다 먼저 승진하고, 성과를 내지 못하면 지위 고하를 막론하고 강한 압박을 받는다. 성과주의 문화가 보편화되면서 가면 갈수록 내 주변의 모든 사람들이 경쟁자가 되고 있는 것이다.

　　입사하는 순간부터 여러분에 대한 평가는 시작된다. 채용면접 때의 인상과 태도, 신입사원교육 성적, 업무배치 후의 성과 등을 토대로 이미 여기저기서 여러분에 대한 평가가 내려지고 있다.

"낙하산인가? 일도 못하는데 어떻게 뽑혔지?" "벌써부터 어디에 줄을 설까 고민하는 것 같아." "좋은 학교 나오면 뭐하나? 일을 못하는데……." "너무 편한 일, 쉬운 일만 찾으려고 하네." "요즘 신입사원들 너무 영악해!" "선배도 가만히 있는데, 왜 나서고 난리야!" "어린애도 아니고 모든 것을 챙겨줘야 하나? 너무 귀하게 자랐어."

학교에서는 실력에 대한 평가가 시험성적으로 이루어지지만, 회사에서는 자신에 대한 평가를 상사의 피드백, 심지어 소문으로부터 접하게 된다. 업무에 대한 태도나 마인드, 구성원들과의 관계에 대한 적나라한 평가가 들려오다 보니, 행동 하나, 말 한마디가 조심스러울 수밖에 없다. 언행이 바로 평가로 연결되기 때문이다.

이런 과정을 몇 차례 경험하고 나면 처음에 가졌던 자신감, 조직에 대한 애착, 동료애는 점차 사라지고 '이 조직에서 어떻게 살아남아야 할까?'라는 생존본능만 앙상하게 남고 만다.

회사생활, 3년이면 정 떨어진다는데

첫눈에 반한 사랑도 3년이면 고비가 찾아온다고 했다. 초기에는 만남의 설렘, 무조건적인 사랑이 마음을 지배한다. 그러나 점차 상대의 결점이 보이기 시작하고, '왜 그런 생각과 행동을 하지?'라는 의문을 갖게 된다.

3년차가 되면 나와는 다른 그 사람 때문에, 그 사람을 나에게 맞추려는 심리 때문에, 다툼이 잦아진다. 익숙해진 관계 속에서 권태기도 찾아온다. '연인관계를 지속해야 하나?', '이 사람이 나의 천생연분일까?'라는 고민은 이때부터 시작된다.

연인 사이에서처럼 직장생활에서도 이러한 심리적 변화가 나타난다. '직장인 사춘기 증후군'이라는 것이 있다. 대학졸업 후 신입으로 입사한 직원들이, 손에 일이 익을 때쯤 겪는 심리적 갈등을 일컫는 말이다. 입사 3년차에 심하게 올 수 있다고 한다.

첫 출근의 설렘,
과연 언제까지

탁 대리는 고작 입사 3년 만에 회사에서 가장 잘나가는 직원 중 한 명이 되었다. 그 비결이 뭐냐고 물으면, 어떻게 명문대에 들어갔느냐는 질문에 "국영수 중심으로 공부했어요"라고 대답하는 학생만큼이나 정직하게 '일을 좋아하고 즐겼다'라고 말하는 그였다. 인사성 바른 태도에 서글서글한 성격, 발 빠른 업무처리능력 덕택에 그는 타 부서 팀장들이 서로 데려가려고 물밑작업을 하는 귀한 몸이 되었다.

이랬던 탁 대리에게 대체 무슨 일이 생긴 것일까. 최근 들어 탁 대리는 눈에 띄게 의기소침해졌다. 잘 웃지도 않고 업무에서도 구멍이 숭숭 뚫리기 일쑤였다. 무엇 때문에 그러느냐는 절친한 동료 이 대리의 물음에 탁 대리는 한숨을 푹 쉬며 대답했다.

"일이 적성에 안 맞는 거 같아. 이 회사를 계속 다녀야 하는 건지 고민스러워."

전혀 뜻밖의 이야기였다. 그동안 누구보다 열심히 일해온 탁 대리 입에서 나올 소리가 절대 아니었다. 이 대리는 왜 그러는 것이냐고 거듭 그를 다그쳤다. 얼마 후 탁 대리가 무겁게 입을 뗐다.

"실은 이번에 새로 오신 홍 과장님 때문에 좀 힘드네. 일하는 스타일이 너무 달라. 난 좀 풀어놔야 알아서 잘하는 타입인데, 홍 과장님은 사사건건 일이 어떻게 되어가느냐고 물으니까. 이제 홍 과장님 얼굴만 봐도 지긋지긋해."

사회생활에 첫 발을 내디딜 때만 해도 사람들은 무엇이든 잘할 수 있다는 자신감과 열정으로 가득하다. 막내라는 이유로 선배들의 관심과 사랑도 독차지한다. 1~2년은 일을 배우고 경험을 쌓느라 정신없이 지나간다. 실수를 해서 선배들로부터 강하게 질책을 들더라도 어렵지 않게 극복해가곤 한다. 작은 성공에 희열을 맛보면서 일에 재미를 느끼기도 한다.

하지만 입사 후 3년이 지나면 상황은 180도 바뀐다. 어느 정도 조직에 적응하고 일에도 능숙해질 무렵, 여러 가지 고민이 스멀스멀 피어오른다.

'이 직업이 과연 내 천직일까?' '이 회사에서 얼마나 더 버틸 수 있을까?'

이렇게 현재뿐만 아니라 미래에 대한 걱정과 고민이 시작된다. 조직에 대한 실망감과 회의감도 밀려온다. 이런 고민의 중심에는 일의 적성문제도 있지만, 사람과의 관계문제가 크게 자리 잡고 있다. 꼴도 보기 싫은 상사, 얄미운 짓만 하는 동료, 제멋대로인 부하직원. 직장에서 부딪히는 이들과의 갈등은 연인이나 가족과 겪는 갈등만큼이나 삶에 큰 영향을 미친다.

이쯤 되면 회사에 대한 애정도 줄어들고, 이직에 대한 고민이 머릿속을 지배하게 된다. 헤드헌터로부터 이직을 권유하는 전화라도 받게 되면 '한번 옮겨볼까?'라는 욕심을 품어보기도 하고, '어떤 회사로 옮기면 좋을까' 하고 상상의 나래를 펼치기도 한다.

실제로 직장인을 대상으로 한 조사에서도 이직의 주된 요인으로 상사나 동료와의 갈등이 꼽힌 바 있다. 일 때문이 아니라 사람 때문에 회사를 떠나는 것이다. 하지만 이직을 한다고 해서 사람문제가 해결되는 것은 아니다. 어느 조직에나 여러 종류의 사람들이 모여 있으니, 갈등은 필연적으로 존재할 수밖에 없다. 이직을 한 직장인들의 60~70퍼센트가 '이직을 후회한다'고 답했다는데, 아마 이런 이유 때문일 것이다.

직장인의 정서는
온종일 우울

한창 기 펴고 일해야 할 신입사원들조차 입사 후 얼마 지나지 않아 조직생활의 어려움을 경험하는데, 하물며 몇 년 차 직장인들은 오죽하겠는가? 남몰래 정신과를 찾는 우울한 샐러리맨이 많은 것도 무리는 아니다.

직장인들의 일반적인 정서상태는 어떨까? LG경제연구원이 직장인들에게 '최근 1년간 직장에서의 정서상태는 대체로 어떠했습니까?'라고 설문한 결과 '부정적'이라고 응답한 직장인들이 10명 중 3명에 달하는 다소 충격적인 결과가 나왔다.

대체로 직급이 낮을수록 정서상태가 부정적이라고 응답한 직장인이 많았다. 30대 과장의 경우, 응답자의 53퍼센트가 자신의 정서상태를 부정적이라고 응답해 눈길을 끌었다. 실무책임자로서 후배사원들 혹은 상급자와의 관계에서 오는 스트레스, 갈수록 치고 올라오는 후배들 때문에 높아만 가는 진급장벽, 매년 어김없이 찾아오는 성과에 대한 압박 때문일 것이다.

다음으로 직장인들에게 긍정적인 정서 5개와 부정적인 정서 5개를 제시하고, 지난 1년간 가장 많이 느꼈던 정서를 우선순위에 따라 선택하게 했다. 그 결과, 아래 그림과 같이 긍정적인 정서가 부정적인 정서에 비해 우세했으나 불안과 분노 같은 부정적인 정서도 큰 영역을 차지하고 있음이 드러났다.

특히 자신의 정서상태가 부정적이라고 응답한 직장인들의 경우, 부정적인 정서가 일상생활을 상당히 지배하고 있었다. 불안(16.6퍼센트), 우울(16.5퍼센트), 분노(16.1퍼센트), 좌절(10.8퍼센트), 권태(10.2퍼센트) 등의 순으로 응답이 나왔는데, 불안과 우울의 경우 초기에 악화되는 것을 방지하지 못하면 정신질환으로도 이어질 수 있어 상당히 심각한 상황이다.

그렇다. 직장 내 인간관계 문제, 더 정확히 말하면 인간관계 때문에 발생하는 스트레스문제는 최근 무척이나 심각해졌다. 자칫 그것이 업무효율을 떨어뜨리는 것은 물론 큰 병으로 이어질 수도 있기 때문이다.

직장인 정서 지도(%)

전체 응답자   마음이 힘든 직장인

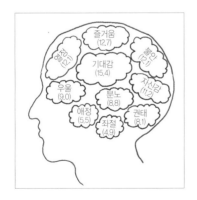
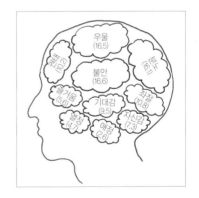

아무리 일이 고되더라도 자신을 이해해주는 상사, 교감을 나눌 수 있는 동료가 있다면 회사를 박차고 나가고 싶은 생각은 덜할 텐데, 참으로 안타깝다. 아니, 교감까지는 바라지도 않는다. 사람들이 날 괴롭히지 않고 내 신경을 거슬리지 않기만 해도 좋겠다. 대체 언제까지 눈치만 보면서 꾸역꾸역 분노와 짜증을 억누르고 참기만 해야 하는 걸까. 끝이 보이지 않는다.

로열티 없는 부하, 진퇴양난 상사, 경쟁자 동료 **2**

이제 기업뿐만 아니라 개인도 생존경쟁에 내몰리기 때문일까. 주변사람들에 대한 마음 씀씀이도 많이 달라지고 있다. 부모 같은 상사, 동생 같은 부하, 친구 같은 동료는 옛말이다. '상사면 다야, 왜 자꾸 나한테 참견하는 거야?', '내 동료는 나에게 이득이 되는 사람인가? 오히려 동료의 그늘에 가려지는 것은 아닌가?', '내가 왜 부하직원을 챙기고 가르쳐야 하지? 성장하는 법은 스스로 터득해야지'와 같은 생각을 하는 사람들이 점점 많아지고 있는 것이다.

서글프게도 윗사람, 동료, 아랫사람에게 각각 바라고 기대하는 것은 많지만, 주려고 하는 것은 정작 없어 보인다. 감사한 것보다는 서운한 것만 찾는 것처럼 보이기도 한다. 누구나 손해 보기 싫어하고 자기중심적으로 생각하기 마련이지만 어딘가 모르게 씁쓸하다.

문제는 우리 모두가 이러한 누군가의 윗사람이고 동료이며 아랫사람이라는 사실이다. 내게 서운함과 상처를 주는 그들 때문에 못

로열티는 특정 대상에 대한 정서적 애착 또는 헌신을 말한다.

그런 의미에서 회사에 대한 로열티란 다른 회사로 옮기지 않고

끝까지 조직에 남아 충성을 다하는 것으로 풀이될 수 있다.

그러나 이제 젊은이들은 '내가 회사를 위해 무엇을 해야 하나' 하는 생각보다는

'회사가 나를 위해 무엇을 해줄 수 있을까'라는 생각을 먼저 하기 시작했다.

살겠다는 생각이 드는 건 이 때문일 것이다. 내가 그들의 가해자가 될 수 있는 것은 물론이다.

사무실에서 로열티가 사라졌다

강 부장은 요즘 마음이 심란하다. 20여 년째 매년 신입사원을 받아왔지만, 해가 갈수록 그들에게 익숙해지기는커녕 당황하는 일이 많아지고 있다. 특히나 오늘은 더 그랬다. 입사 첫 날을 맞은 신입사원 선희 씨가 부장인 자신에게 당돌한 표정으로 "우리 회사 이번에 설 보너스는 얼마나 나오나요?"라고 물어온 것이다. 이제 막 들어온 직원에게 보너스가 있을 리 만무한데도 명절이라면 응당 보너스가 나와야 하는 게 진리 아니냐며 자신을 쏘아보는 선희 씨 탓에, 강 부장은 말문이 턱 막힐 지경이었다. 오늘은 급한 일이 생겨 야근을 시켜야 했는데, 직원들 눈치 보느라 업무에 집중이 되질 않았다.

'어쩌다 내 신세가 이렇게 되었나.'

강 부장은 자신이 한심스러울 따름이었다.

로열티는 특정 대상에 대한 정서적 애착 또는 헌신을 말한다. 이런 의미에서 회사에 대한 로열티란 다른 회사로 옮기지 않고 끝까지 조직에 남아 충성을 다하는 것으로 풀이될 수 있다. 이러한 충성심은 곧 성과와 직결되기 때문에 각 기업에서 직원의 제1덕목으로 여겨지고 있지만, 요즘에는 충성심 강한 직원을 찾아보기 힘든 게 현실이다.

이는 개인 탓이 아니다. 최근 몇 년간 지속되었던 정리해고로 회사를 향한 사람들의 태도가 많이 달라진 게 그 원인일 것이다. 이제 사람들, 특히 젊은이들은 '내가 회사를 위해 무엇을 해야 하나' 하는 생각보다는 '회사가 나를 위해 무엇을 해줄 수 있을까?'라는 생각을 하기 시작한 것이다.

이 이야기에 공감하지 못하는 분들이 있을지도 모르겠다. '난 그래도 애사심이 있는 편인데'라고 생각하는 분들이라면, 스스로의 로열티를 테스트해보자. 여러 연구 결과, 로열티를 가진 직원들의 행동특성이 아래와 같이 밝혀졌다. 여러분은 다음 10개 항목 가운데 몇 개에나 해당되는가?

· 다른 회사로 이직하기보다는 계속 이 회사에 남고 싶다.

· 부서의 일을 끝내기 위해 늦게까지 남아서 근무를 한다.

· 주변사람들에게 지금 다니는 회사가 좋은 직장이라고 말한다.

· 회사규칙을 준수하고, 지시를 잘 따른다.

· 회사의 목표달성을 위해 개인의 목표를 희생할 수 있다.

· 회사에 대한 험담을 하지 않는다.

· 경쟁사보다는 회사의 제품과 서비스를 더 선호한다.

· 자신의 업무와 직접적인 상관이 없더라도 회사의 일이라면 적극 참여한다.

· 회사의 자산을 낭비하지 않고 잘 보호한다.

· 동료를 도와서 협력한다.

이 질문들에 절반 이상 자신 있게 '네'라고 답하는 이들의 숫자가 점점 줄어들고 있다. 그렇다. 세태는 이미 로열티 따위에 관심을 기울이지 않는 방향으로 흘러가고 있는 것이다.

이러한 변화는 상사에 대한 무조건적인 복종이 당연시되던 과거의 관행마저 바꿔놓기에 이르렀다. 이제 상사라고 해서, 선배라고 해서 무조건 충성을 다하고 말 잘 듣는 부하직원은 거의 멸종위기에 몰렸다 해도 과언이 아니다.

'선배가 나를 성장시켜줄 수 있을까? 배우고 존경할 만한 사람인가?' '난 부하직원인데 왜 제대로 가르쳐주지도 않으면서 지시만 내리는 거야.' '만날 실실 웃기만 하고 그야말로 무능력한 팀장이군.'

모르긴 몰라도 자신의 윗사람을 보며 속으로 이렇게 혀를 끌끌 차는 부하직원들이 많을 것이다.

실제로 이러한 현상은 조사를 통해서도 드러나고 있다. '상대가 나를 신뢰할 것이라고 생각하는 수준'과 '내가 상대를 신뢰하는 수준'에 대해 조사를 한 결과, 자신이 상사나 동료들을 신뢰하는 정도와 상사, 동료들이 자신을 신뢰할 것이라는 인식 사이에 상당히 큰 격차가 있었다. 직장인들이 생각하는 상사에 대한 신뢰 수준은 49점으로 조사된 반면, '직장상사는 당신을 신뢰합니까?'라는 문항의 점수는 59점으로 나타나 둘 사이에 약 10점차를 보였기 때문이다. 극단적으로 말하면 자신은 상사를 신뢰할 수 없지만, 상사는 자신을 신뢰할 것이라고 믿는 직장인들이 상당하다는 의미다.

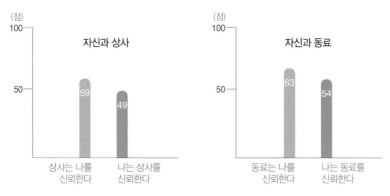

상사 및 동료에 대한 상호 신뢰 수준(100점 만점)

자신과 상사

(점)
100

50

59

상사는 나를
신뢰한다

49

나는 상사를
신뢰한다

자신과 동료

(점)
100

50

63

동료는 나를
신뢰한다

54

나는 동료를
신뢰한다

이렇듯 본인은 신뢰할 만한 듬직한 부하라고 생각하면서 정작 윗사람인 나를 믿지 못하는 아랫사람을 대체 어떻게 대해야 좋을까? 난감하기 짝이 없는 일이다.

때려치우거나, 맞춰가거나

박 차장은 요즘 직속상관인 강 부장 눈치를 보느라 숨이 막힐 지경이다. 연말 리더십평가에서 낙제점을 받은 강 부장이 부쩍 예민해졌기 때문이다.

오늘은 딱 1분 지각을 했는데, 그 지긋지긋한 잔소리를 무려 여섯 번이나 들어야 했다. 차라리 "박 차장, 앞으로는 지각하지 말게. 후배들 보기에 부끄럽지도 않나?"라고 딱 부러지게 한 번 혼내고 말았으면 좋았을 것이다. 강 부장은 리더십평가의 후유증 때문인지 대놓고 혼을 내진 않았지만, 슬슬 비꼬는 말투로 마주칠 때마다 지각 얘기를 꺼내는 것이었다.

헐레벌떡 사무실에 들어오며 인사하는 박 차장에게 "박 차장, 요즘 잠이 잘 오나 봐. 지각까지 하고. 난 매출 걱정에 계속 불면증인데 말이야. 가만 좀 보자. 화장 진하게 하고 오느라 늦은 거야?"라고 말한 것이 시작이었다.

탕비실에서 만났을 때. "나 같으면 지각하고 온 날은 시간 보충하려고 물 한잔 못 마시고 일할 것 같은데. 박 차장은 일이 별로 없나 봐? 일 좀 줘야겠어."

점심 먹으며 뉴스를 볼 때. "요즘 애들은 저렇게 막 나가서 큰일이야. 시간관념도 없어요. 저런 애들이 커서 꼭 회사에 지각하지."

온종일 가시밭길을 걸으며 풀이 죽을 대로 죽은 박 차장은 여직원 휴게실에 잠시 쉬러 갔다. 다른 팀의 한 차장이 박 차장을 보고 걱정스러운 듯 말을 건넸다.

"박 차장, 무슨 일 있어? 안색이 안 좋네."

"아니야⋯⋯."

"에이, 오늘 강 부장님이 박 차장님한테 엄청 심하게 하셨잖아요. 딱 1분 늦었다고 계속 몰아치는데. 강 부장님이 너무하셨어요."

같은 팀의 최 대리가 한마디 거들며 박 차장을 위로했다.

"강 부장님은 정말 사람을 말려 죽이려고 작정하셨나 봐요. 사람 목을 어떻게 그렇게 쥘 수가 있어요?"

"강 부장 그러는 게 하루 이틀 일인가, 뭐."

"리더십평가 이후에 더 심해진 거 같아요. 대체 리더십평가 때 강 부장님에 대해 뭐라고들 쓰셨어요?"

재미있다는 듯이 빙글빙글 웃던 직원들이 하나, 둘 입을 열었다.

"직원들 의견을 경청하지 않고 지나치게 독단적임."

"늦게까지 일하는 것이 습관이 되신 것 같다. 시간관리 필요."

"직원들에 대한 관심과 배려가 부족하다."

하나 같이 맞는 소리였다. 박 차장은 자신의 상관이 다른 부하직원들에게 이런 평가를 받는다는 것이 서글프고 떨떠름한 한편, 속 시원하다는 느낌도 들었다.

'틀린 얘기 하나 없네. 그나저나 당분간 저 짜증을 어떻게 받아줘야 하지? 확 때려치워? 아니지. 지금 옮기면 경력이 너무 애매한데. 정말 강 부장 때문에 미치겠네.'

직장인들의 단골 술안주, 바로 '직장상사'다. 상사 때문에 가슴 안에 사표를 품고 다니는 직장인이 한둘이 아니다. 상사에 대한 불만이 아무리 많아도 그것 때문에 이직하기란 쉬운 일이 아니다. 그래서인지 오늘도 상사를 골탕먹이는 소심한 복수를 꿈꾸는 이들이 많다. 영화 〈반칙왕〉에서 주인공 송강호가 상사의 헤드록에서 벗어나고 싶어 프로레슬링을 배우는 장면이 많은 직장인들의 공감을 샀던 이유도 여기에 있다.

인간관계란 묘한 것이어서 내가 미워하면 상대도 안다. 아무리 표정관리를 잘해도 싫어하는 마음은 어떻게든 얼굴에 드러난다. 또한 내가 누군가에게 상사에 대한 불만, 뒷담화를 하면 언젠가는 그 이야기가 상사의 귀에 들어가게 되어 있다. 동료에게 했던 '우리끼리 하는 이야기'가 상사는 물론 '모든 사람이 아는 이야기'가 되는 경우를 어렵지 않게 볼 수 있다. 결국 해결의 실마리는 보이지 않고, 껄끄러운 관계가 지속될 뿐이다.

어디서부터 엉킨 매듭을 풀 수 있을까. 재미있는 것은 누구나 싫어한다거나 누가 봐도 훌륭하다고 생각하는 리더의 모습 외에, 각자가 원하는 리더의 스타일이 서로 다르다는 점이다. 리더십평가를 받아본 사람이라면 이 부분에 대해 할 말이 많을 것이다. 평가의 내용이 일관되게 나오는 사람도 있지만, 오락가락하는 사람들도 적지 않기 때문이다. 앞서 강 부장에 대한 직원들의 평가도 부정적이라는 공통점 외에는 딱히 일관적인 부분이 없었다. 이처럼 한 명의 상사를 두고 직원들이 서로 다르게 평가하는 이유는 각자의 머릿속에 그리고 있는 바람직한 리더의 모습이 다르기 때문이다.

누군가는 '참된 리더란 직원들의 성장을 도와주는 사람'이라고 생각하는 반면, 다른 이는 '의사결정을 빠르게 하고 추진력을 갖춘 사람이 리더'라고 생각한다. '리더라면 직원들 의견을 경청하며 창의적인 결정을 내리는 열린 사람이어야 한다'고 말하는 이도 있다. 모든 직원들의 존경과 사랑을 동시에 받는 리더를 찾기 어려운 것도 이러한 이유에서다.

나의 성격, 업무 스타일과 찰떡궁합인 상사를 만나는 것이 가장 좋을 것이다. 하지만 그게 어디 쉬운 일인가. 잘 맞진 않아도 그냥저냥 지낼 수 있는 정도의 상사라면 좋겠는데, 웬걸. 나의 수명을 10년은 뭉텅 잘라먹을 것만 같은 진저리나는 상사도 한두 명이 아니다. 그렇다면 방법은 딱 두 가지다. 첫째, 회사를 관두는 것. 둘째, 싫지만 맞춰가는 것. 둘 다 "못하겠다"라고 하는 사람은 "살은 빼고 싶은데, 적게 먹고 운동하는 건 싫다"라고 하는 사람과 다를 바 없다. 둘 중 하나, 그 외에 다른 선택지가 없다는 말이다.

서바이벌 게임,
밀리면 끝장이다

이 대리는 아침 내내 일이 손에 잡히지 않았다. 배신감에 손이 부들부들 떨렸기 때문이다.

'아, 괜히 봤어. 내 눈을 찌르고 싶다.'

어제 저녁 야근을 하던 이 대리는 절친한 입사동기인 탁 대리로부터 급한 연락을 받았다.

"나 거래처 미팅 가는 길인데, 미팅하기로 한 식당이름을 깜빡했어. 내 메일함 보면 거래처 송 과장님이랑 주고받은 이메일이 있을 거야. 그 메일 열어서 식당이름 좀 확인해줄래?"

이 대리는 탁 대리 컴퓨터를 켜고 메일함을 뒤지기 시작했다. 그러던 중 '이 대리 마케팅기획안에 관한 피드백'이라는 제목의 이메일이 눈에 들어왔다. 이 대리는 잠시 망설였지만 호기심을 억누르지 못하고 이메일을 열어보았다.

'망할 강 부장. 내 기획안을 팀에 다 뿌렸단 얘기지? 나 몰래 동료들한테 내 기획안을 평가해달라고 하다니. 허, 참……. 아니, 근데 이게 뭐야?'

탁 대리가 강 부장에게 보낸 이메일을 읽고, 이 대리는 더 큰 충격에 휩싸였다.

'제품에 대한 이해나 충분한 시장분석 없이 기존에 해왔던 구태의연한 방식을 답습하고 있습니다.'

이 한 줄만 보고도 너무 열이 받았지만, 이 대리는 한숨 고르며 괘씸하긴 해도 어디까지나 평가니까 그럴 수 있다고 생각했다. 문제는 그 다음이었다.

'이전부터 느낀 것이지만 이 대리가 사람은 좋은데, 업무능력은 좀 떨어지는 것 같습니다. 앞으로 이 대리에게 중요한 기획안을 맡기지 않으시는 편이…….'

이 대리는 놀라서 컴퓨터를 꺼버렸다. 이럴 수가. 이 대리는 입사동기 중 탁 대리를 가장 친한 동료라고 여겼다. 자기보다 능력도 뛰어나고 성격도 좋아서 처음에는 좀 경계했지만, 얼마 지나지 않아 사회에서 만난 동료도 충분히 친구가 될 수 있겠다는 생각이 들게 만들어준 고마운 사람이었다. 최근에는 새로 온 홍 과장 때문에 힘들어하는 걸 그렇게나 진심으로 위로해줬는데……. 아무리 내 기획안이 부족하다고 해도 그렇지, 이렇게 뒤통수를 칠 수 있느냐 말이다. 이 대리는 모멸감을 넘어 슬픔마저 느꼈다.

같은 시기에 입사해서 신입사원 교육도 함께 받고, 막내의 설움도 함께 겪어야 했던 동기에 대한 애정은 누구나 남다를 수밖에 없다. 회사 내에서 궁지에 몰릴 때 나를 두둔해주고, 위급한 상황에 빠질 때 제일 먼저 도움을 요청할 수 있는 사람도 바로 동기다.

그러나 어렸을 적 친구는 오랫동안 친분이 유지되지만, 직장에서 만나게 된 동료와는 친분이 오래가지 않는 편이다. 업무 때문에 부딪치는 일이 한 번은 생기게 되고, 연말평가나 승진심사에서도 경쟁관계에 놓이기 때문이다. 결국 시간이 지날수록 절친한 동기와 라이벌관계가 형성되는 일이 부지기수다.

일단 라이벌관계가 되고 나면 책상을 마주한 동료와 소리 없는 전쟁이 시작된다. 라이벌관계에 대처하는 방법도 사람 따라 가지각색이다. 정면승부를 펼치거나 동료와의 차별화에 중점을 두는 사람도 있다. 반면 나보다 잘되는 꼴은 볼 수 없다는 심정으로 뒷담화에 몰두하는 사람도 있다. 이들에게는 문제가 발생하면 싸움도 불사하겠다는 의지가 보인다.

"나는 경쟁하는 게 정말 싫어. 그냥 내 업무에만 집중하고 싶지, 누구 신경 쓰면서 기를 쓰고 이기려고 하는 건 성격상 안 맞아. 동료와는 친구처럼 지내고 싶어."

아마 대부분의 사람들이 겉으로는 이렇게 말할 것이다. 하지만 속마음은 그렇지 않을 때가 많다. 아니, 경쟁을 정말로 싫어하는 사람이라도 상황이 그들을 충분히 전투적으로 만들 수 있다. 온라인 취업정보업체 커리어www.career.co.kr의 설문조사에 따르면 직장인 10명 중 6명은 '직장 내 라이벌이 있다'고 말한다. 라이벌과의 관계에 대해서는 '겉으로만 상생하고 안으로는 경계한다'는 응답이 가장 많았다.

열심히 일하려고 하는 동기는 내면에서 자연스럽게 형성되는 경우도 있지만, 다른 사람과의 비교에 의해 만들어지기도 한다. 남보다 뒤처진다는 생각이 들면 '이겨 보고 싶다'는 심리가 생기는 이치와 같다.

또한 다른 사람과의 비교는 공정성 여부를 판단하는 것은 물론 자신의 행복에도 영향을 미친다. 우리는 내가 노력한 만큼의 성과를 받았을 때 공정하다고 생각하지만, 다른 사람과의 비교를 통해서도 공정성 여부를 판단한다. 즉, 자신의 노력 대비 성과를 다른 사람들의 그것과 비교해보는 것이다. 예를 들어, 같은 노력을 들였음에도 불구하고 상대가 더 많은 성과(보상)를 얻으면 공정하지 못하다고 생각하는 것이다.

이러한 비교는 뇌의 활동에도 영향을 미쳐 개인의 행복수준을 결정하기도 한다. 독일 본 대학의 경제학자와 신경과학자들이 상대비교를 할 때 나타나는 뇌의 반응을 알아보고자 한 가지 실험을 했다. 참가자들을 2명씩 19개 팀으로 구성한 뒤, 이들에게 점이 찍혀 있는 화면을 보여주었다. 1.5초 후에는 또 다른 화면을 보여주고, 첫 번째 화면에 있던 점의 개수가 두 번째 화면에 있던 점의 개수보다 많으면 '많다' 버튼을, 적으면 '적다' 버튼을 누르게 했다. 연구진은 문제의 난이도와 속도 등에 따라 문제를 맞힌 참가자들에게 30~120유로의 돈을 지급했다. 문제가 끝난 뒤에는 본인은 물론 팀 동료의 판단결과와 받게 될 돈의 금액이 화면에 함께 나타나도록 했다.

위와 같은 실험을 여러 번 반복하면서 기능적 자기공명영상fMRI 장치로 참가자들의 뇌를 촬영했다. 영상장치를 분석한 결과, 참가자들의 뇌는 문제를 맞혔을 때 그리고 더 많은 금액을 받게 될 때 활발하게 움직이는 것을 관찰할 수 있었다.

흥미로운 점은 같은 팀 소속의 두 사람이 모두 문제를 맞혔을 때보다 다른 팀원은 문제를 틀리고 자신은 문제를 맞혔을 때 뇌가 가장 활발하게 움직인다는 것이었다. 반대로, 자신은 문제를 틀리고 다른 팀원이 문제를 맞혔을 때에는 뇌의 움직임이 가장 적었다. 즉, 팀의 성공보다는 자기만의 성공에서 더 큰 행복을 느끼는 것이다.

그러나 경쟁관계에서 이기려는 마음이 강하다 보면 부작용이 나타난다. 성과 가로채기나 상대를 깎아내리는 뒷담화가 대표적이다.

성과 가로채기에 눈물 한 번 흘려보지 않은 직장인이 어디 있을까? 회사의 일은 협업을 통해 이루어지는 경우가 많다. 문제가 발생하면 책임소재를 규명하기가 쉽지 않지만, 결과가 좋으면 마치 자기가 한 것인 양 으스대기는 쉽다. 그래서 야근, 특근을 해가면서 일을 해놓으면 상사나 욕심 많은 동료에게 성과를 빼앗기기 십상이다. 뒤늦게 이런 사실을 알고 이를 갈며 후회해보지만 소용없는 일이다.

뒷담화는 좀 더 보편적인 일이다. 주로 상사에 대한 뒷담화가 많지만 요즘에는 동료에 대한 뒷담화도 적지 않다. 보통 상대에 대한 시기나 질투가 기폭제 역할을 한다. 조직에서 조금 튀게 행동하거나, 자기보다 나은 성과를 보이는 동료는 여지없이 뒷담화의 대상이 된다. 뒷담화의 주제도 성격에서부터 옷차림까지 모든 것이 포함된다. 한 조사에 따르면 직장인들은 상대의 성격, 능력 이외에도 말투, 사생활, 옷차림까지도 뒷담화의 주제로 삼고 있다고 한다.

사람이 싫으면 어느 것 하나 마음에 들 수가 없으니 당연한 현상이다. 이런 뒷담화가 과거에는 휴식시간이나 술자리에서 많이 이루어졌으나, 요즘은 IT의 발달로 사내 메신저를 통해 이루어지곤한다. 동료들이 고개를 숙이고 업무에 몰두하고 있는 것처럼 보여도, 실은 메신저 창을 띄운 채 내 뒷담화 삼매경에 빠져 있을지도 모르는 일이다.

이 정도로 끝나면 모르겠는데, 상사에게 슬쩍 동료의 이야기를 흘리며, 그의 무능력함이나 좋지 못한 대인관계를 걱정해주는 듯 말하는 이들도 있다. 씁쓸하지만 대놓고 따질 수도 없고, 대판 싸울 수도 없는 노릇이다. 앞으로 계속 마주쳐야 할 사이가 아닌가. 게다가 싸움의 원인이 누구에게 있든, 회사에서는 먼저 분란을 일으킨 사람이 욕을 먹기 마련이다. 억울해도 할 수 없다.

플레이보이는
상대의 심리를 이용한다

플레이보이의 조건. 키 180센티미터 이상, 근육질 몸매, 연예인 닮은 얼굴?

틀렸다. 출중한 외모도 중요하지만, 더 중요한 것은 따로 있다. 상대의 심리를 얼마나 정확히 파악해서 이용할 줄 아느냐. 중요한 것은 이것이다. 즉, 상대가 원하는 것들과 상대의 특성을 짚어내어 적절하게 밀고 당기기를 할 줄 아는 것이 플레이보이의 필살기인 셈이다. 연애에 성공하는 데 심리가 중요하듯, 직장생활 또한 마찬가지다.

상사와의 관계, 동료와의 관계, 부하직원과의 관계가 모두 원만하다면 회사 다니는 게 행복하겠지만, 그렇지 못하다면 매일 아침 출근이 두려울 수밖에 없다. 그래서일까. 사무실을 지옥이나 감옥에 비유하는 사람도 있다. 직장에서의 인간관계 갈등은 처음엔 사소한 말다툼으로 시작하지만, 경우에 따라 집단 따돌림이나 몸싸움 등 파괴적 행동으로 이어지기도 한다. 최근 상사나 동료와의 갈등이 빌미가 되어 칼부림으로 이어진 사건이 있었을 정도니, 상황이 얼마나 심각한지 짐작할 수 있을 것이다.

이 모든 상황의 중심에는 심리가 자리 잡고 있다. 나와 상대의 심리가 충돌하면서 불협화음을 만들어내고 있는 것이다. 하지만 대다수의 사람들은 갈등에만 초점을 맞출 뿐, 갈등의 원인에는 눈길조차 주지 않는다. 상대 탓만 하면서 상대가 무엇을 원하는지, 어떤 성격적 특성을 가지고 있는지, 무슨 심리에서 그런 말을 하는지 알아보려고 하지조차 않는 것이다.

플레이보이가 상대를 얻기 위해 심리를 이용하는 것처럼, 직장인들도 상사, 동료, 부하의 심리를 이해하고 활용할 줄 알아야 한다. 물론 상대에 따라 무엇에 초점을 두어야 하는지는 다르다. 이것을 알고 나면 상대와 어떻게 갈등을 조율하고, 조화를 이뤄나갈지 알 수 있다.

누구나 삼각 스캔들의 주인공

회사는 여러 사람이 모인 집합체다. 회사는 이 집합체가 보다 효율적으로 움직이도록 하기 위해 영업, 마케팅, 생산 등 기능에 따라 조직을 구분한다. 각 조직은 능력과 경험에 따라 구성원들을 구분하여 사원부터 임원까지 직위를 부여한다.

조직 안에서는 '나'를 중심으로 크게 세 가지 형태의 인간관계가 형성된다. 나와 상사, 나와 동료, 나와 부하직원. CEO와 신입사원을 제외하고는 여기에 예외란 있을 수 없다. 이 관계들이 원만해야 직장생활도 평탄할 수 있다. 하나라도 삐걱거리면 직장생활 전체에 영향을 미친다.

직장상사가 닮고 싶은 대상이 아니라 원수 같고 폭군처럼 느껴질 때, 동료가 나의 우군이자 동반자가 아닌 비열한 경쟁자처럼 느껴질 때 갈등은 이미 시작된 것이다. 부하직원 역시 마찬가지다. 부하직원이 열정과 잠재력이 풍부한 후배가 아니라, 무모하고 버릇없는 존재로 여겨진다면 둘 사이에 문제가 있는 것이다.

갈등이 분명 있음에도, 그것을 잘못 건드렸다가 모두가 불편해지는 상황을 피하기 위해 그저 방치만 하는 사람들이 많다. 이는 시한폭탄을 등에 지고 살아가는 것이나 다름없다. 회사를 떠나지 않는 한, 지금의 상사, 동료, 부하직원과의 관계는 끊을 수 없기 때문이다. 혹 부서를 옮기더라도 언제 이들과 함께 일하게 될지 알 수 없는 노릇이다.

때로 관계의 양상이 바뀌기도 한다. 과거에는 속을 터놓으며 편하게 지내는 동료가, 어느새 나보다 일찍 승진하여 이제 내 보고를 받는 직속상사가 되는 경우도 있다. 실적 싸움에 으르렁거리던 다른 팀 후배와 협업을 해야 하는 일도 생긴다.

갈등을 덮어두려고만 하지 말고 원인을 찾아보자. 찬찬히 살펴보면 해결의 단초를 찾을 수 있다. 아니, 적어도 앞으로 관계가 더 악화되는 것을 방지할 수는 있을 것이다.

성격 차이 · 심리 차이,
만만하게 보지 마라

"자네 기획안 봤네. 대체 지난번 회의 때 나왔던 얘기랑 다른 게 뭔가? 믿고 중요한

프로젝트를 맡겼더니, 이 정도밖에 못 해?"

리더십평가의 여운이 완전히 가셨는지, 독이 바짝 오른 얼굴로 강 부장이 이 대리를

나무란다. 이 대리 기획안을 통과시켰던 박 차장은 안절부절못하는 얼굴이다.

"죄송합니다. 내일까지 다시 준비하겠습니다."

"내일 저녁 말고, 내일 나 출근하기 전까지 완료해놔. 알았어?"

기세등등한 강 부장이 나가자, 이 대리도 부끄러운 마음에 자리를 박차고 일어났다.

밖에 나와 담배를 한 대 피우는데, 정 과장이 다가왔다.

"이 대리, 괜찮나?"

"아, 과장님. 휴……."

정 과장은 평소 이 대리가 믿고 따르는 선배 중 한 명이었다.

"자네, 지금 강 부장님이 너무 원망스럽겠지?"

"말해서 무엇하겠어요. 어떻게 신입까지 있는 앞에서 그러실 수 있어요. 솔직히 제

기획안 말이에요. 과장님도 보셨겠지만, 그 정도 얘기 들을 만큼 허접하진 않잖아

요. 누구한테 나쁜 얘길 들으셨든, 아님 저를 만만하게 보시든, 둘 중 하나일 거예

요."

"신입 앞에서 그렇게 혼내신 건 분명 부장님 잘못이지만, 글쎄…. 난 좀 다르게 생각

하는데."

정 과장이 대체 무슨 얘길 하는 건지, 이 대리는 의아하기만 했다.

"강 부장님 입장에서 한번 생각해봐. 강 부장님 보기에는 자네 기획안이 정말 별로였을 수 있어. 그게 아니라면 자네에 대한 기대수준이 상당히 높은 걸 테지. 난 후자일 가능성이 높다고 보는데."

"네? 저에 대한 기대수준이 높으시다고요?"

"그래, 내가 보기에도 자네 기획안은 나쁘지 않았어. 강 부장님은 기대가 높은 직원을 칭찬하고 격려하는 타입이 아니시거든. 무조건 채찍질을 가하는 양반이야. 자네를 그렇게 대하시는 것도 아마 그래서일 거야."

이 대리는 혼란스러웠지만, 한결 기분이 나아지는 것을 느꼈다.

사람과 사람 사이의 문제는 서로의 생각, 성격, 심리 차이에서 기인하는 경우가 대부분이다. 그렇지만 사람들은 이 점을 간과하고, 그저 상대를 '꼴통', '상대할 가치도 없는 사람'으로 치부해버리곤 한다.

심리, 우습게 볼 것이 아니다. 똑같은 팀장을 두고 어떤 직원은 심하게 갈등을 겪지만, 어떤 직원은 별 탈 없이 지내거나 오히려 팀장에게 총애를 받는다. 팀장의 심리를 파악하고 적절히 대응할 줄 알기 때문에 가능한 일이다. 누구나 나의 마음을 이해하고 헤아려주는 사람을 가까이하고 싶어하며, 또 좋아한다. 따라서 정 과장과 마찬가지로 평소 상사, 동료, 부하의 말과 행동으로부터 마음속 비밀을 추론해본다면 서로에 대한 오해와 불필요한 갈등을 상당히 심리, 우습게 볼 것이 아니다.

똑같은 팀장을 두고 어떤 직원은 심하게 갈등을 겪지만,

어떤 직원은 별 탈 없이 지내거나 오히려 팀장에게 총애를 받는다.

누구나 나의 마음을 이해하고 헤아려주는 사람을

가까이하고 싶어하며, 또 좋아하기 마련이다.

줄일 수 있을 것이다. 그런데 직장에서는 유독 이러한 사실을 잊고 지낸다.

그래서인지 요즘은 회사 차원에서 직원들의 심리를 관리해준다고 기업이 직접 나설 정도다. 직원들이 인간관계 갈등을 겪지 않고 좋은 기분으로 일할 때, 생산성이 훨씬 높아진다는 사실은 굳이 이야기하지 않아도 모두가 알 것이다. 일부 기업에서는 심리상담사를 두어 회사 안팎에서 겪은 마음의 상처를 치료하는 데 커다란 도움을 준다.

어떤 기업은 직원들을 선발하여 카운슬러로 육성시킨다. 직원들이 겪는 사람 사이의 갈등문제를 동료의 입장에서 들어주고 어루만져줄 수 있도록 하기 위함이다. 팀의 갈등해결을 위해 심리 워크숍을 활용하는 기업들도 있다.

한 발 더 나아가, 직원들의 심리파악에 적극적으로 뛰어든 기업도 있다. 구글은 AOL, 트위터 등의 경쟁기업에 자사의 핵심인력들을 빼앗긴 뒤, 직원들의 심리파악을 위한 프로그램을 자체적으로 만들었다. 직장생활에 어려움을 겪고 있거나 불만을 가진 직원들이 쉽게 이직을 선택한다는 판단에서다. 이 프로그램은 평가 및 보상 데이터 그리고 승진, 직무이동 이력 등 개인의 인사 프로파일을 추적하여 이직 가능성이 높은 직원들을 찾아내는 것으로 알려져 있다. 구글은 프로그램을 통해 추출된 직원이 실제 이직에 나서지 않도록 하기 위해, 직무전환 및 역할변화 등을 포함한 다양한 방법들을 선제적으로 활용하고 있다.

상대에 따라
전술이 다르다

복싱선수는 경기에 나서기 전, 수개월에 걸쳐 상대선수의 주특기와 특징을 분석하여 필승비법을 수립한다. 물론 이 비법은 상대선수가 누구냐에 따라 바뀌기 마련이다. 직장에서도 마찬가지다. 갈등을 해결하고 원만한 인관관계를 만들어가기 위해서는 사람에 따라 다른 전술이 필요하다.

먼저, 상사와 부하의 관계를 살펴보자. 성격궁합도 당연히 중요할 것이다. 하지만 상하관계에 문제가 있다고 해서 상사가 자신의 성격을 바꾸는 경우는 극히 드물다. 따라서 상사와 좋은 관계를 유지하기 위해서는 상사의 리더십스타일을 정확히 꿰뚫는 것이 중요하다. 실제로 상하관계 갈등의 주범으로 리더십을 지적하는 직장인들이 상당히 많다. 상사의 리더십스타일에서 자신과 충돌하는 부분이 무엇인지 찾고, 이것을 회피하거나 갈등 없이 지낼 수 있는 포인트를 짚어보려는 노력이 필요하다.

동료와의 관계는 상하관계가 아닐뿐더러, 직장에서 가장 가까울 수 있는 사이이다. 서로의 속마음을 털어놓을 수 있을 만큼 사적인 친분을 쌓을 수도 있다. 때문에 동료 사이에는 성격궁합이 무엇보다 중요하다. 연인 사이에 벌어지는 다툼이 대부분 성격 차이 때문에 벌어지는 것처럼, 동료와의 갈등도 주로 성격 차이 때문에 생겨난다. 동료를 나에게 맞추려 하거나, 나와 다른 점을 비판하는 것은 금물이다. 상대의 특성을 인정하고 어떻게 맞춰나갈 수 있는지를 고민하는 것이 현명한 방법이다.

요즘 부하직원 때문에 고민하는 상사들도 꽤 많다. 윽박질러 보기고 하고 면담도 해보지만, 접점이 보이지 않는다는 하소연들이 들려온다. 이들은 결국 "요즘 애들은 버릇도 없고, 생각도 없어"라거나 "실력도 없는 것들이 눈만 높아가지고서는"이라고 혀를 끌끌 차며, 관계를 단절시키고 만다. 부하직원과 갈등을 겪는 상사들은 무작정 해결하기 위해 그들과 부딪칠 것이 아니라, 일단 부하의 일하는 스타일을 살펴볼 필요가 있다. 사람에게는 저마다 일하는 스타일이 있다. 그런데 상사의 눈에는 이것이 마음에 들지 않는다. 그래서 눈엣가시처럼 여겨지고 미운 것이다. 자신의 리더십스타일을 쉽게 바꿀 수 없는 것처럼, 부하의 일하는 스타일 또한 바꾸기가 쉽지 않다. 오히려 그의 일하는 스타일을 고려하여, 부족한 부분을 채울 수 있는 리딩포인트를 찾아내는 것이 더 중요하다.

이처럼 심리라는 큰 범주 안에서도 상대에 따라 적용해야 하는 전술이 제각기 다르다. 관계의 특징, 사람의 특징 때문이다.

이제 상사, 동료, 부하직원을 각각 어떤 특징과 기준에 따라 구분하고, 각 유형에 어떻게 대처해야 하는지 하나씩 살펴보자.

2장

난공불락,
상사의 심리

몇 해 전 〈악마는 프라다를 입는다〉라는 영화가 큰 인기를 끈 적이 있다. 아무래도 영화 안에 자신이 모시는 상사의 모습, 그 밑에서 고생하고 있는 나의 모습이 투영되어 있어서 관객의 더 큰 공감을 얻었는지도 모르겠다. 이 영화에서 우리는 주인공 앤드리아가 악마 같은 상사 미란다와 겪는 갈등과, 그 갈등을 극복해나가는 과정에 주목해볼 필요가 있다. 앤드리아는 당장 자리를 박차고 나오고 싶은 충동을 눌러가며 상사의 독특한 '성깔'에 적응해가고 성공을 쟁취하기에 이른다.

우리 주변에도 악마 같은 상사, 이런 상사 때문에 괴로워하는 직장인들이 많다. 그 괴롭힘의 강도가 지나치면 충돌이 불가피하고 각종 문제가 발생하기도 한다. 무턱대고 상사의 잘못된 리더십을 꼬집고 힐난하기보다는 그런 상황 속에서 자신이 어떻게 행동하는 것이 스스로의 행복을 지키는 방법인지 알아야 한다. 이것이 관계회복의 전환점이 될 것이다. 부서를 옮기거나 이직을 한다고 해서 악마 같은 상사를 만나지 않을 것이란 보장도 없다. 결국 공존을 모색하는 방법을 터득해야 한다.

세상에 완벽한 사람이 어디 있겠는가? 완벽한 상사도 없다. 상사를 바꾸려고 하기보다는 맞춰나가는 것이 갈등해결의 지름길이다. '꼴'도 보기 싫은 상사이지만, '꼴'을 이해해보려고 노력해본 적은 있는지 묻고 싶다. 그들도 사람이고, 나 자신도 언젠가는 저 위치에 가게 될 터. 그토록 미워하던 상사의 모습이 내 안에 투영되어 있을 수도 있다. '나는 저렇게 행동하지 않을 것이다'라고 다짐하지만 어느새 미운 상사의 행동을 그대로 따라 하고 있을지도 모른다.

상사의 행동, 특히 리더십스타일을 알아야 갈등이 줄어들 수 있다. 리더십스타일은 크게 네 가지로 구분된다. 세상의 모든 일을 짊어진 듯한 '워커홀릭형', 조직관리 역량이 뛰어난 '매니저형', 친근감 있고 어울리기 좋아하는 '연예인형' 그리고 변화의 전도사이며 카리스마로 무장한 '혁명가형'. 리더의 위치에 있는 사람들은 대체로 어느 한 유형의 특징을 뚜렷하게 나타내기도 하지만, 두세 가지 유형의 특징을 모두 보이는 경우도 있다.

이번 장에서는 내 상사의 리더십스타일이 가지고 있는 특징과 그로 인해 발생할 수 있는 갈등의 해결비법을 찾아보자.

상사의 '리더십 스타일' 진단법

먼저 상사의 리더십스타일을 알아보겠다. 상사의 평소 행동을 떠올리며 각 문항에 대해 1~5점까지 점수를 매겨보자.

전혀 그렇지 않다: 1점 | 그렇지 않다: 2점 | 보통: 3점 | 그렇다: 4점 | 매우 그렇다: 5점

1. 직원들의 목표설정과 달성 여부를 철저히 챙긴다. ___

2. 업무의 진행상황을 수시로 점검하고 피드백을 하는 편이다. ___

3. 직원들의 장점과 단점을 알고, 이를 고려하여 업무를 분담시킨다. ___

4. 실패에 대한 두려움보다는 새로운 시도에 대한 갈망이 큰 편이다. ___

5. 목표를 달성하지 못했거나, 실수를 했을 때에는 강하게 질책한다. ___

6. 업무 프로세스를 표준화하여 모든 직원들이 따르도록 한다. ___

7. 잘못, 실수를 하더라도 고함을 지르고 질책하기보다는 조용히 타이르고 포용하는 편이다. ___

8. 경영트렌드, 선진기업 사례 등에 관심을 갖고 배우려고 한다. ___

9. 주로 업무와 관련된 내용만으로 대화를 한다. ___

10. 직원들 각자의 역할과 책임을 명확히 구분하며, 이에 따른 업무수행을 중요하게 여긴다. ___

11. 직원 개개인에게 관심을 가지고 육성, 코칭 등의 활동을 적극적으로 한다. ___

12. 다소 튀는 아이디어라도 경청하고 수용하는 편이다. ___

13. 업무에 대한 집중력, 끝까지 해내려는 집념이 강한 편이다. ___

14. 발생할 수 있는 문제점, 리스크 등을 예측, 점검하는 편이다. ___

15. 직원들의 고충, 애로사항 등을 경청하고 도우려고 노력한다. ___

16. 앞으로 있을 경영환경, 시장변화 등에 관심을 가지고 직원들과 자주 논의한다. ___

17. 직원들에 대한 기대수준이 높은 편이다. ___

18. 보고의 절차, 일의 순서를 중시한다. ___

19. 직원들의 조직생활 적응에 관심을 가지고 조언한다. ___

20. 지시받은 일이 아니어도 업무를 보다 효율적으로 할 수 있는 방법들을 찾는다. ___

각 문항의 점수를 아래 해당하는 빈칸에 쓰고, 각 타입별로 총점을 구한다. 가장 높은 점수가 나온 타입이 여러분 상사의 스타일을 가리킨다.

1번	5번	9번	13번	17번	총점	A 타입
점	점	점	점	점	점	

2번	6번	10번	14번	18번	총점	B 타입
점	점	점	점	점	점	

3번	7번	11번	15번	19번	총점	C 타입
점	점	점	점	점	점	

4번	8번	12번	16번	20번	총점	D 타입
점	점	점	점	점	점	

앞에서 구한 타입별 점수를 아래의 표에 기입해보자.

총점 \ 타입	A타입 (워커홀릭형)	B타입 (매니저형)	C타입 (연예인형)	D타입 (혁명가형)
리더십스타일	점	점	점	점

위의 타입별 점수를 아래 도표에 점으로 찍어보자. 여러분 상사의 리더십스타일은 어디에 가장 가까운가?

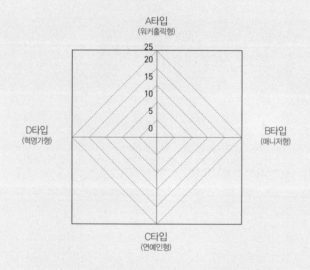

확인했으면 이제 본격적으로 해법을 찾아보자.

실적 1위 금자탑의 그늘, 워커홀릭형

1

이 대리는 오랜만에 대학동창 모임에 나갔다. 한창 분위기가 달아오를 무렵, 헐레벌떡 들어오는 친구 민희가 눈에 띄었다.

"넌 왜 이렇게 늦었어. 하여간 바쁜 척은 혼자 다한다니까."

"미안해. 우리 팀장 때문에…."

"왜, 팀장이 또 퇴근하기 10분 전에 업무 줬어?"

민희는 오자마자 맥주 한잔을 쭉 들이켜며 얼굴을 찡그린다.

"말도 마. 업무를 준 게 아니라, 아예 회의를 하자는 거야. 아니, 5시 50분에 시작해서 3시간이나 하는 회의가 어디 있냐고."

"진짜 심하긴 하다. 오늘 같은 금요일에."

친구들이 저마다 한마디씩 꺼내는 와중에, 이 대리가 정 과장의 말을 떠올리며 끼어들었다.

"그래도 너희 팀장이 너에 대한 기대치가 높아서 그런 건 아닐까?"

"기대치는 무슨. 회의를 한 게 아니라, 정확히 말하면 훈계만 잔뜩 들었어. 요새 내가 몸이 좀 안 좋아서 며칠 동안 7시 반쯤 퇴근했거든. 그랬더니 통 자기 눈에 보이지 않는다느니, 일이 별로 없는 것 같다느니, 한가하니까 퇴근을 꼬박꼬박 한다느니, 하면서 날 들들 볶더라."

"야, 근데 너희 팀장 애 엄마라고 하지 않았어? 애 엄마가 무슨 금요일에 밤까지 회의를 해."

"애 엄마라고 다 가족이 우선인 건 아닌가 봐. 우리 팀장, 작년에 출산예정일까지 일했어. 애 낳고 나서는 바로 다음 날 업무지시 전화 왔고. 10시 전에 퇴근하면 회사가 망하는 줄 안다니까. 회식이 11시에 끝나도, 도로 들어와서 결재서류 다 정리해놓고 가는 사람이야. 미쳤지, 미쳤어."

일밖에 모르고 '성과달성만이 살 길!'을 외치는 워커홀릭형 리더들이 있다. 한 분야에서 전문성을 인정받은 이들에게 많이 발견되는 특징으로, 일명 '일벌레', '회사형 인간'으로 통하는 유형이다.

특히 한국에서 워커홀릭형 리더들을 많이 찾아볼 수 있다. 예부터 우리나라 사람들이 성실함을 미덕으로 여긴 탓일까? 세계에서 가장 일 많이 하는 국가라는 타이틀이 낯설지 않은 것이 우리의 현실이다. 그리고 '열심히 일하면 성공할 수 있다'는 룰이 여전히 유효한 국가이기도 하다. 임원이 되기 위한 첫 번째 비결로 '성실하게 열심히 일하는 것'을 꼽는 기업이 아직도 많다.

워커홀릭형 상사들은 자신이 마치 지구를 지켜야 하는 슈퍼맨처럼 조직의 모든 일을 짊어져야 하고, 모두가 자신을 우러러봐주기를 원하는 '슈퍼직장인 증후군'을 앓는 경우가 적지 않다. '내가 자리를 비우면 회사가 제대로 돌아가지 않을 것'이라고 착각하는 사람이라면 이 증후군을 의심해봐야 한다.

워커홀릭형 상사들은 일과 삶의 균형Work & Life Balance을 중요시하지 않는 것은 물론, 오히려 그것을 조직의 긴장감을 약화시키는 요인으로 여기기도 한다. 이들은 곁눈질 않고 열심히 앞만 보고 달리고, 조직의 목표달성을 위해 자신을 희생하며 저돌적으로 일하는 것을 미덕으로 여긴다. 이처럼 야근, 휴일 근무를 마다하지 않고 목표달성, 성과에 전념하기 때문에 조직에서 초고속 승진을 하는 것은 당연한 결과일지 모르겠다. 경영자 입장에서는 이들이 싫을 이유가 하나도 없기 때문이다.

그러나 주도적이고 추진력이 강한 만큼 부작용도 많다. 이들은 때때로 부하직원들을 엄하게 몰아붙이며 그들의 기를 꺾어놓기도 한다.

당신은 너무
가혹한 리더

HP의 전임 CEO였던 칼리 피오리나Carly Fiorina는 워커홀릭의 표본이다. 그녀는 자기 일에 몰입하여 좋은 성과를 거둔 것을 인정받아 글로벌기업의 수장이 되었다. "나에게는 일과 삶의 구분이 없었다. 삶이 곧 일이었고, 일이 곧 삶이었다"라는 인터뷰 내용만 봐도 그녀의 유형과 성공요인을 알 수 있다. 한편 그녀는 일의 성과에 지나치게 집중한 나머지, 어떤 이들에게는 인정사정 보지 않는 가혹한 리더로 기억되곤 한다.

전문성과 탁월한 성과창출로 조직에서 인정받는 리더 중에는 간혹 부하직원들로부터 혹독한 평가를 받는 사람들이 있다. 이들은 성과를 위해 부하직원들을 쥐어짜듯 몰아치거나, 실수나 잘못을 저지른 사람에게는 돌이킬 수 없는 상처를 주기도 한다. 이런 상사들을 향해 부하직원들은 "배려를 모른다", "인간존중의 의미에 대해 배울 필요가 있다"고 지적한다.

워커홀릭형 상사들이 부하직원들을 혹독하게 대하는 원인 중 하나는 높은 기대수준 때문이다. 앞서 등장한 강 부장이나 민희의 팀장도 일부분 이런 성격을 갖고 있다. 이들은 자신의 능력치를 기준으로 부하직원들을 바라보기 때문에, 실제능력이나 성과에 비해 그들을 낮게 평가하는 '가혹화 오류'를 범하기도 한다. 실력에 비해 지나치게 과대평가하는 것이 '관대화 오류'라고 한다면, 가혹화 오류는 그 반대를 의미한다. 동일직급의 동료들에 비해 제 아무리 열심히 일하고 성과가 좋을지라도 상사의 눈높이를 기준으로 평가를 받게 되면 좋은 평가가 나올 리 만무하다.

워커홀릭형 상사들 중에는 일명 '빨간펜 선생님' 스타일이 많다. 이들은 직원이 보고서를 가져오면 끝까지 들어보지도 않고 첫 장부터 빨간펜으로 두 줄을 그어가며 고치기 일쑤다. 성실한 데다가 일해온 경험이 많기 때문에, 이들은 담당분야에서만큼은 전문성이 높을 수밖에 없다. 그러니 직원들이 가져오는 보고서가 마음에 들리 없다. 이런 모습에 어떤 이는 상처를 입기도 하고, 어떤 이는 원망에 불타기도 한다. '할 일이 많을 텐데, 언제까지 보고서를 직접 고치려고 하는 건지, 원'이라고 한탄하며, 은근히 상사를 아니꼽게 바라보기도 한다.

악의는 없다,
배우려는 자세로 임하라

워커홀릭형 상사들의 공통점 중 하나는 열정과 에너지가 넘친다는 점이다. 이러한 장점이 조직에서의 성공을 이끄는 원동력일지도 모른다. 문제는 이러한 열정과 에너지가 다소 직설적이고 거칠게 표출되었을 때 발생한다. 리더십에 대한 준비 혹은 학습이 되어 있지 않거나, 부드러운 리더십 자체를 부정하기 때문일 수 있다.

악의는 없다. 그저 그 사람의 스타일이 그런 것뿐이다. 심한 압박, 거친 언행 때문에 종종 상처를 받을 수도 있겠지만, 그렇다고 상사의 리더십스타일을 바꾸려 한다거나 대항하려 하는 것은 좋은 방법이 아니다. 오히려 상사의 장점을 잘 활용해보자는 생각을 하는 것이 정신건강에 이롭고 자신의 성장에도 도움이 된다.

워커홀릭형 상사들 대부분은 일에 있어 전문가들이다. 이들이 지적하는 것, 알고 있는 것들을 곱씹어보고 내 것으로 만들고자 노력해보자. 예를 들어 자신이 작성한 보고서와 상사가 지적해서 다시 만든 보고서를 함께 놓고 비교해보라. 어디에서 차이가 나는가? 자신이 놓친 부분은 무엇이었는가? 한번 찾아보라. 자신이 작성한 보고서가 더 낫다고 평가하는 사람들도 있겠지만, 차이가 눈에 들어오는 사람도 분명 있을 것이다. 차이가 보이면 학습이 가능해진다.

경험이라는 것, 무시하기 어렵다. 게다가 고민의 시간 역시 간과해서는 안 된다. 워커홀릭형 상사들은 그저 일만 많이 하는 것이 아니라, '어떻게 하면 잘할 수 있을까?'에 대한 고민도 많은 사람들이다. 한 번쯤 내 상사의 장점을 돌아보는 것이 좋다.

기대수준에
눈높이를 맞춰라

연인 사이에서의 싸움은 기대로부터 시작하는 경우가 다반사다. 커플링 선물을 기대했는데 책을 받았다든가, 추운 날씨에 상대가 장갑을 벗어줄 거라 생각했는데 장갑 낀 손을 주머니에 넣고 나에 대해서는 아랑곳하지 않을 때, 이런 사소한 어긋남들이 도화선이 되어 싸움으로 번지기도 한다.

순조롭게 연애하고 싶다면 기대수준을 효과적으로 관리해야 한다. 첫 번째 원칙, 기대를 버리든가, 대화를 통해 기대수준을 조정하든가 하라. 두 번째 원칙, 처음부터 기대수준을 높이지 말고 천천히 높여가라. 이 두 가지 원칙이 상사와의 관계에서 유용하게 쓰일 수 있다.

말하지 않으면 모른다. 상사가 내 마음을 알아줄 것이라는 착각도, 내 마음을 알아주길 바라는 간절한 기대도, 모두 잘못된 것이다. 상사의 기대수준에 대해 먼저 들어본 후, 자신이 할 수 있는 수준을 말하고 뒤이어 자신이 상사에게 기대하는 것을 이야기하는 것이 현명하다. 많은 회사들이 목표설정, 성과 피드백이라는 과정을 두고 있는 만큼, 이때를 허심탄회한 대화를 나누는 기회로 활용할 수 있을 것이다.

상사가 기대수준을 너무 높게 가지는 것도 문제지만, 지나친 기대감을 갖게 만드는 것도 주의해야 한다. 좋은 평가를 받고 싶은 조급함 때문에, 자신의 실력을 과대 포장하는 이들이 종종 있다. 그러나 실력이란 정직한 것이기에 단번에 좋아지지 않는다. 평범한 직원이 하루아침에 우수인재로 바뀔 리 없지 않은가. 상사의 기대수준을 높여 놓으면 실망감만 커지기 마련이다. 잘할 수 있다는 자신감과 욕심을 가지되, 과욕을 부려 상사와의 관계를 그르치는 일은 피해야 한다.

워커홀릭형 상사와 갈등 피하기

- 정면 반박은 금물. 시간이 좀 지난 후에 자기 생각을 이야기해보자.
- 절대로 아는 척하지 마라. 상사는 당신 머리 위에 있다.
- 일단 상사가 지시한 내용은 실행하는 것이 상책. 처음부터 '안 될 것 같다'고 말할 것이 아니라, 먼저 해본 다음 '해보니 이런 문제가 있는 것 같다'고 이야기하는 편이 좋다.
- 무조건 성실한 모습부터 보여라. 특히 지각이란 있을 수 없는 일. 워커홀릭형 상사들은 이것이 직장생활의 기본이라고 생각한다.

나도 혹시 **워커홀릭형 상사**?

☐ 자리를 비우거나 휴가를 가면 마음이 불안하다.

☐ 직원들 일 처리가 마음에 들지 않고 직접 해야 직성이 풀린다.

☐ 목표는 당연히 달성해야 하는 것. 초과 달성이 실제 목표다.

☐ 모든 대화의 내용은 업무. 직원들 사생활에는 별로 관심 없다.

☐ 마감시간을 넘겨본 적이 없고, 직원들이 시간을 지키지 않으면 화가 난다.

☐ 나 같은 부하직원이 몇 명만 더 있으면 좋겠다고 생각한다.

▶▶ 부하 기氣까지 꺾을 필요는 없잖아요?

위의 항목에 3가지 이상 해당되는 분들은 본인 스스로가 워커홀릭 상사는 아닌지 의심해봐야 한다. 조직의 성과를 위해 때로 강한 리더십도 필요하다. 다만, 부하직원을 다그치더라도 인간의 본성을 고려해야 하며, 육성 관점에서 접근할 필요가 있다. 예를 들어, 부하직원을 꾸짖을 때는 상대의 수용능력을 고려해야 한다. 《채근담》에 '공인지악攻人之惡, 무태엄毋太嚴, 요사기감수要思其堪受'라는 말이 있다. 남의 잘못을 꾸짖을 때는 너무 엄격해서는 안 되며, 상대방이 감당해낼 수 있는가를 생각해야 한다는 뜻이다.

워커홀릭형 상사들은 곧잘 성질 급하고 목소리 큰 '버럭 대마왕'으로 변하기도 한다. 성에 차지 않으니 화가 나고 소리부터 지르게 되는 것이다. 인격모독에 가까운 언행도 서슴지 않는다. 하지만 요즘 젊은 세대는 상대적으로 스트레스 내성이 낮은 반면, 자존감은 높은 편이다. 이런 특징을 상사가 이해하지 못하고 강하게 압박하면, 부하직원들은 치유하기 힘든 상처를 받게 되고 상사에 대해 심한 반감을 갖게 될 수 있다. 조직의 입장에서는 이런 리더가 일 잘하고 높은 성과를 내기 때문에 이상적으로 보인다. 그러나 이들의 리더십이 지나치게 가혹한 나머지 구성원들의 '하고 싶다'는 열망과 자발적인 창의력을 이끌어내지 못한다면, 지속적인 성과창출은 요원한 일이 된다. 따라서 요즘과 같은 시대에는 오히려 워커홀릭형 리더가 퇴출 1순위로 전락할 수 있는 고위험군일 수 있는 것이다.

오타 하나에 만 원, 매니저형

"탁 대리, 중국지사 지난 달 매출액이 얼마지?"

"네, 목표치에서 13.4퍼센트 상회한 수준이었습니다."

탁 대리는 긴장한 채로 홍 과장 앞에 서 있었다. 숫자 하나에도 예민하게 반응하는 홍 과장이었기에, 탁 대리는 보고서를 낼 때면 늘 철저히 준비를 해야 했다.

"그리고 여기, 거래처에서 요구하는 결제조건이 뭐야?"

"이번 달에 반품을 받아달라는 겁니다."

"흠……. 우리 작년 매출, 영업이익이 얼마였지?"

"아, 그건…. 제가 바로 확인하고 말씀드…."

"잠깐, 이게 뭐야. 결제를 결재라고 썼잖아. 이 정도 맞춤법은 틀리면 안 되지. 쯧쯧. 이건 아주 기본 아닌가."

오늘도 깨졌다. 탁 대리는 머리끝까지 화가 치밀어올랐다.

화려한 무대를 장식하는 인기가수, 시청자들의 마음을 사로잡는

연기자, 웃음을 선사하는 개그맨. 이들 뒤에는 성공을 위해 함께 뛰는 사람들, 바로 매니저가 있다. 이들은 스케줄관리, 프로그램모니터링, 섭외, 출연료관리 등 소속 연예인의 일거수일투족을 챙기는 역할을 한다.

직장에도 이처럼 매니저역할에 능한 상사들이 있다. '꼼꼼! 치밀! 주도면밀!'이 이들이 외치는 모토다. 관리 역량이 뛰어난 이 매니저형들은 내실을 충실히 다지면서 실수 없이 안정적으로 조직을 운영하는 데 능하다. 집사와도 같아서 모든 일들을 원리원칙에 입각하여 철저하게 관리한다.

진나라 시황제는 중국 역사상 최초의 통일국가를 건설한 인물이다. 그는 황제로서 무소불위의 절대권력을 휘둘렀지만, 도량형과 달력, 화폐, 문자 등을 통일하는 등 관리형 리더로서의 면모도 강하게 보여주었다. 《십팔사략十八史略》에도 '시황제는 무엇이든 남에게 맡기지 않고 모든 것을 자기가 직접 결재하려고 했다. 일의 양이 늘자 저울로 매일 일의 양을 달아서 정하기에 이르렀다'라고 기술되어 있다. 전형적인 매니저형이었던 셈이다.

매니저형 상사는 생산부서나 재무부서에서 많이 찾아볼 수 있다. 기계의 오작동이나 고장을 예방하고, 제품에 불순물이 섞이지 않도록 주변여건을 관리하는 것이 생산부서 관리자의 최우선 역할이기 때문이다. 재무부서 역시 돈을 다루는 조직이기 때문에 단 1원의 오차도 용납되기 어렵다. 처음에는 꼼꼼한 스타일이 아니었더라도 이런 일을 오래 하다 보면 리더십스타일도 그에 따라 변화하는 경향이 있다. 다만, 이런 유형들은 지나치게 세심한 부분까지 챙기기 때문에 일의 분담이나 권한의 부여 등을 통해 부하직원을 육성하는 데 자칫 소홀할 수 있다.

오로지 원칙만
지키면 된다

매니저형들은 틀에 박힌 업무, 반복적인 업무에 상당히 능하다. 스케줄관리도 잘하고 한 치의 오차도 없이 기대했던 성과를 만들어내기도 한다. 과거의 경험에 비추어 발생할 수 있는 리스크에 대한 정리와 대처방안까지도 염두에 두고 있는 경우가 많다.

이런 특성 때문에 이들은 규율 및 규칙 엄수를 굉장히 중요하게 생각한다. 이것이 지켜지지 않을 때 각종 사건, 사고가 발생할 수 있다는 것을 잘 알기 때문이다. 이런 상사를 두고 있는 부하직원이라면 반드시 이 점을 명심해야 한다. 대충 넘어가려 하거나, 원칙에 어긋나는 행동을 했을 경우, 매니저형 상사의 불호령을 면하기 어렵다.

매니저형 상사와 갈등을 빚지 않으려면 이들이 중요하게 생각하는 원칙과 규칙을 먼저 알아야 한다. 대체로 관리를 중시하는 상사들은 '이것만은 반드시 지켜야 한다'라고 하는 포인트들이 있기 마련이다. 예를 들어, 어떤 상사는 직원들에게 권한을 많이 위임하지만, 특정 사안에 대해서는 사전보고를 중시할 수 있다. 근무시간에 자유로운 외부출입을 허용하긴 하지만, 정시에 출근하는 것을 매우 중요하게 여기는 상사도 있다. 다른 것은 융통성 있게 처리하지만 경비만큼은 확실한 증빙을 요구하는 상사도 있다. 홍 과장의 경우에는 아무래도 '보고서에는 오탈자가 없어야 하고 띄어쓰기 등이 정확하게 지켜져야 한다'는 원칙이 있었던 것 같다. 탁 대리는 이 점을 간과했던 것이다.

이처럼 매니저형들이 중시하는 것이 무엇인지 파악해서 그 선을 넘지 않도록 주의하는 것이 갈등을 예방하는 첫 번째 방법이다.

하나도 놓치지 말고, 메모하는 습관을 키워라

관리형들은 데이터에 대한 기억력이 좋다. 게다가 한 번 물어봐서 대답을 듣지 못한 것에 대해서는, 며칠 후 꼭 다시 한 번 물어서 챙기는 것도 이들의 특징이다(아마 홍 과장은 며칠 후 탁 대리가 방심하고 있을 때, 작년 매출, 영업이익이 얼마인지 다시 물어볼 가능성이 크다). 부하직원을 평가할 때에도 실력이 좋은 것은 물론이요, 세세한 것들을 잘 기억하고 자신을 잘 보좌해주는 사람에게 후한 점수를 주는 경향이 있다.

알면서도 시험 삼아 물어보는 것인지 아니면 경영진이 혹시 물어볼지 몰라서 확인하고 싶은 것인지 몰라도, 매니저형 상사와 함께 일하다 보면 이런 확인성 질문을 수시로 받는다. 따라서 기억력이 좋지 못하거나 꼼꼼한 성격이 아니라면 이런 상사를 보좌하는 데 많은 어려움을 겪게 된다. 어디 어려움뿐이겠는가. 상사가 입을 열기만 해도 어떤 질문을 꺼낼지 몰라 허둥대면서 스트레스를 느낄 것이다.

방법은 메모뿐이다. 연간 매출 및 영업이익, 회사의 주가, 공장별 생산실적이나 불량률, 주요직원의 인적사항 등을 평소 들고 다니는 수첩에 잘 정리해두는 수밖에 없다. 이 정도도 버겁다고? 이 정도의 메모는 기본, 상사가 야구광인 탓에 매일 야구팀들의 경기

결과를 메모해둔다고 하소연하는 사람도 있다.

매니저형 상사들과 일하다 보면 '왜 소소한 것까지 챙기지?', '본인이 직접 알아보면 되잖아!', '너무 사람이 소심한 것 아니야? 화통하질 못해' 하는 불평들이 생기기 마련이다. 물론 이들에게 단점이 있는 건 확실하다. 하지만 이런 상사들 밑에서 3년만 일해보면, 회사가 어떻게 돌아가고 과거에는 어떠했는지, 관리포인트는 무엇인지 확실하게 배울 수 있다.

작은 것 하나라도
절대 숨기지 마라

'관리를 잘한다'는 말의 의미는 절대 대충 넘어가지 않는다는 것이다. 즉, 꼼꼼하게 점검하고 챙긴다는 것인데, 그렇기에 매니저형들이 가장 다루기 힘들어하는 상황이 바로 예상치 못한 문제가 발생하는 것이다. 매니저형 상사의 입장에서는 이런 상황이 사람의 힘으로 어쩌지 못하는 우발적인 문제가 발생했을 때 그리고 부하직원들이 제대로 보고하지 않을 때 발생한다고 생각할 수 있다. 후자의 경우라면 매니저형 상사가 그냥 넘어갈 리 만무하다. 그로 인해 자신에게도 큰 흠집이 생겼다고 생각하기 때문에 본보기 차원에서라도 또 재발방지를 위해서라도 담당자를 혹독하게 밀어붙이고 책임을 물을 것이다.

이런 상사들에게는 작은 것 하나라도 보고하지 않거나 숨기려

한다면 큰 오산이다. 이런 것 때문에 찍히면 관계 회복은 거의 힘들다고 봐야 한다. 실수를 했거나 착오가 있었다면 상사가 알아채기 전에 무조건 실토하고 정확한 내용을 전달하는 것이 상책이다. 두려운 마음에 '잘 모르겠다'라고 하거나 발뺌을 했다가는 최악의 상황까지 내몰리기 십상이다.

자신의 실수로 인해 문제가 생겼지만, 이것을 어떻게 해결할 것이고, 해결하는 데 어느 정도의 시간이 걸릴 것인지 정확하게 보고하라. 그리고 차후 해결이 어떻게 진행되고 있는지 그때그때 경과를 알려라. 이렇게 하는 것이 그나마 자신에 대한 상사의 신뢰를 회복시킬 수 있는 출발점이 될 것이다.

매니저형 상사와 **갈등 피하기**

- 자신이 모르는 것을 상사가 물어봤을 때는 '확인한 뒤 보고하겠다'고 이야기하고 반드시 챙겨라.
- 인물정보, 실적데이터, 그 외 상사가 중요하게 생각하는 것들은 기억하거나 메모 해둬라.
- 상사와 가까운 사이라 하더라도 원칙과 규칙은 반드시 지켜라. 이들이 기본을 중시한다는 사실을 잊지 마라.
- 문제가 발생했을 때는 상사 모르게 처리하려 하지 말고, 보고부터 하라. 작은 것 하나라도 보고하는 것이 좋다. 이들은 보고받지 못한 사이에 일이 터지는 것을 가장 싫어한다.
- 자의적 해석은 금물이다. 보고 및 결재순서를 꼭 지켜라.

나도 혹시 매니저형 상사?

☐ 보고서를 보는 순간, 오타가 눈에 들어온다.

☐ 했던 이야기 또 하고, 한 가지 일을 2~3명에게 동시에 시켜 점검하기도 한다.

☐ 데이터를 꼼꼼하게 체크한다.

☐ 2퍼센트의 가능성만 있어도 발생할 수 있는 리스크에 대비한다.

☐ 메모하는 습관이 있다.

☐ 원칙 및 회사규정이 그 어떤 것보다 우선이다.

▶▶ 불안해서 직접 챙겨야 한다?

위의 항목 가운데 3가지 이상 해당되는 분들은 본인이 관리형 리더의 특징을 갖고 있다고 봐야 한다. 관리형 리더는 때때로 권한을 위임하는 것을 마치 '장수가 칼을 놓는 것'처럼 생각하기도 한다. 그렇기 때문에 "때로는 과감하게 부하직원에게 맡기면 좋을 텐데, 본인이 A부터 Z까지 다하려고 한다. 아랫사람 입장에서는 일할 맛이 나지 않는다"는 부하직원들의 평가로부터 자유로워질 수 없다.

이런 상사들에게는 역할분담이 필요하다. 상사와 부하직원 각자가 서로 잘할 수 있는 일 그리고 해야 하는 일은 분명히 구분된다. 이 선을 명확히 할 필요가 있다.

물론 하루아침에 일상적인 업무에서 손을 놓으려면 상사 입장에서도 불안할 수 있다. 점진적으로 구성원들에게 하나씩 업무를 나눠주고 책임을 지도록 만들어야 한다. 실무는 부하직원들에게 맡기고, 상사는 반드시 점검해야 할 것들만 챙기거나 본질적인 이슈, 미래준비에 전념하는 것이 중요하다.

일상적인 업무에서 발생하는 문제보다는 미래준비에 소홀해서 생기는 문제가 조직에 더 큰 상처를 줄 수 있다는 점을 인지할 필요가 있다.

경청만 하는 리더가 주는 좌절감, 연예인형

"과장님, 거래처 한 실장님하고는 얘기해보셨어요?"

"응? 얘기했지, 그럼."

"휴. 다행이네요. 재무 쪽에서 오늘도 연락 왔어요. 지난달 수금이 너무 안 돼서 이번 달 거래처 결제 건은 되도록 다음 달로 넘기라고요. 한 실장님이 결제 다음 달로 넘어간다고 뭐라고 하지 않으세요?"

정 과장은 늘 그렇듯 사람 좋은 미소를 지으며 답했다.

"전화해서 사정을 말하긴 했는데, 한 실장님도 힘드신가 보더라고. 차마 더 지급을 미루겠단 말이 안 떨어져서. 아무래도 이 대리가 우리 재무에 잘 말해서 한 실장님 결제 건은 처리해달라고 했음 좋겠는데……."

"어떻게 그래요. 이미 재무 쪽에는 이번 달 우리 팀은 돈 나갈 데 없다고 말 다해놨는데요. 과장님이 처리하신다면서요."

"그렇긴 한데, 거래처 사정도 생각해줘야지. 어떻게 매정하게 그러나."

"한 실장님한테는 그동안 저희가 칼 같이 결제를 해줬으니까, 이번 한 번 정도는 미뤄도 되지 않을까요? 길게도 아니고 딱 한 달인데요. 솔직히 한 실장님이 저희 납기 일정 못 맞췄던 적도 많은데, 우리가 다 이해해줬잖아요."

"음……. 이건 좀 생각해보고 다음 회의 때 얘기해볼까?"

"……."

늘 따뜻하게 대해주는 정 과장이 믿음직했던 이 대리는 이 날 처음으로 사람 좋은 상사에게도 문제는 있다는 사실을 절감할 수밖에 없었다.

소통과 조화, 관계를 중요하게 여기는 상사들을 한번 살펴보자. 흔히 덕장德將이라 불리는 이런 상사들은 구성원들과의 조화와 친화를 중시한다. 각자의 개성을 존중하고 배려하는 모습 속에서 어머니의 따뜻한 품을 느낄 수도 있다. 워커홀릭형 상사 밑에서 일하던 사람이 연예인형 상사를 만나면 아마도 리더십스타일의 극과 극을 체험하는 기분일 것이다.

연예인형들은 기본적으로 존경받고 싶어하고, 사람 좋은 상사로 평가받고자 하는 내적 동기가 강하다. 이런 내적 동기를 채우기 위해 직원들에게 가능하면 따뜻하고 친절하게 다가가려고 노력한다. 직원들로부터 듣는 '일하기 편한 상사', '부하직원들의 마음을 이해해줄 줄 아는 상사'라는 평가가 이들의 에너지원이 된다.

또한 연예인형들은 조직 내에 갈등이 발생하지 않도록 윤활유 역할을 자처하며, 부하직원들이 조직생활에 어려움을 겪지 않도록 세심하게 배려할 줄 아는 리더십을 발휘하기도 한다. 다른 리더십 스타일에 비해 가장 두드러진 특징은 자기 자신에 대한 이해뿐만 아니라 상대방에 대한 이해도도 높다는 것이다. 이들은 타인의 감정을 많이 의식하고 행동한다. 대인관계에서 좀처럼 갈등이 발생하지 않는 이유도 여기에 있다.

하지만 이런 상사들이 빠지기 쉬운 함정도 있다. 직원들의 이야기를 듣고 마음을 헤아리는 것에는 익숙하지만, 정작 문제를 해결하는 것에는 서툴고 의사결정을 미루는 경향이 있다. 만인의 존경을 받고 연인이 되고 싶은 욕구 때문에, 갈등을 유발할 수 있는 일들은 회피하거나 미루기 때문이다. 직원들은 마음도 좋고 일도 잘하는 상사를 원하지만 이 두 가지를 모두 갖춘 연예인형 상사는 좀처럼 찾기 힘들다. 연예인형 상사와 직원들 사이의 갈등도 여기서 비롯된다.

결정해주기만을
기다리지 마라

무대 위 연예인들은 만인의 사랑과 존경을 얻기 원하고, 그로부터 에너지를 얻는다. 당연히 행동 하나하나가 조심스러울 수밖에 없고, 대중들의 눈에 비친 자신의 모습에 신경이 쓰일 수밖에 없다. 누구와 갈등을 빚는 것을 회피하고, 자기주장을 강하게 내세우는 것조차 조심스러워한다.

연예인형 상사 역시 무의식적으로 모든 직원들이 자신을 바라봐주기를 바라는 경향이 있다. 자신을 무대 위 스타로 착각하는 것이다. 물론 부하직원들로부터 함께 일하고 싶은 상사로, 닮고 싶은 상사로 존경받는 것은 상사로서 자신감을 갖고 업무를 추진해나가는 데 중요한 동력이 된다. 하지만 자칫 이런 욕구에 눈이 멀어 갈등을 회피하고 의사결정을 차일피일 미룬다면, 자신의 기대를 채울 수도 없고 부하들로부터 원성을 살 수 있다.

특히, 회의를 하다 보면 연예인형 상사들의 이러한 독특한 특성들이 눈에 들어온다. 이들은 회의를 주도하기도 하고, 주변사람들의 다양한 이야기를 이끌어내기도 한다. 문제는 의견대립이 첨예하거나 방향을 결정해야 할 때, 뒤로 물러서거나 결정을 미룬다는 점이다. 직원들 입장에서는 속이 터질 노릇이다. 실컷 논의는 했는데, 정작 결정된 것은 하나도 없기 때문이다.

이런 경우, 상사의 결정을 무작정 기다리는 것이 능사는 아니다. 때로는 주도적인 역할이 필요하다. 직접 의사결정을 요구하거나 "이런 이유가 있으니 이렇게 하는 것이 좋지 않을까요?"라며 결정을 압박하는 것이 오히려 일을 진행시킬 수 있는 방법이다. '언젠가는 결정해주겠지!'라며 기다려봐야 상사의 스타일이 변하지는 않을 것이기 때문이다.

이 대리 역시 평소 거의 유일하게 좋아하던 상사인 정 과장에게서 치명적인 문제를 발견하고야 말았다. 이 대리는 이제 어떻게 해야 할까. 간단하다. 정 과장에게 본인이 직접 거래처 한 실장과 통화해서 지급이 늦어질 것이라는 점을 이야기하겠다고 하면 된다. 아마 정 과장은 본인이 맡아야 할 '나쁜 역할'을 이 대리가 맡아준

것에 안도할 것이다.

세세한 부분은
직접 챙겨라

연예인형 상사는 다른 상사유형에 비해 상대적으로 장점이 많은 리더스타일이기는 하나, 욕심 많고 소위 '일 좀 잘한다'고 평가받는 직원들과는 갈등을 겪기도 한다. 바로 세세한 부분에 크게 신경을 쓰지 않기 때문이다. '프로라면 작은 것 하나라도 빈틈없어야 하는 것 아니야?'라는 것이 일 잘하는 부하직원이 연예인형 상사에게 갖는 불만이다.

연예인형 상사는 큰 틀에서 업무담당자와 이견이 없으면, 자율권을 주고 세세한 부분을 신경 쓰지 않는 편이다. 이것이 직원의 의견을 존중하는 것이고, 성장에 도움이 된다는 생각을 갖고 있기 때문이다. 상사 입장에서는 '어디 한 번 주도적으로 해봐!'라는 주문을 하고 있을지도 모른다.

결국, 이런 상사와 갈등을 피하고 실력을 인정받기 위해서는 본인 스스로 세세한 부분을 직접 챙겨야 한다. 업무의 방향이나 절차 등에 대해서는 당연히 상사에게 보고를 하고 합의를 해야겠지만, 그 뒤에는 본인이 직접 나서서 하나씩 일을 만들어가는 것이 좋다. 상사가 신경 써줄 것을 기다리거나 하염없이 상사의 입만을 바라보고 있다가는 이 대리처럼 큰 낭패를 볼 수도 있다.

연예인형 상사와 **갈등 피하기**

- 결정해주지 않는다고 불평하지 마라. 주도적으로 일을 진행하고 이것이 맞는지 상사에게 확인받는 편이 낫다.

- 회의나 면담을 하고 나서 모호한 부분이 있으면 마지막에 꼭 확인을 해봐라.

- 세세한 부분은 상사에게 의지하지 말고 직접 파악하라.

- 존중받고 싶어하는 욕구가 무엇보다 강하다. 아무리 편하다고 해도 상사가 무시당한다는 기분이 들지 않도록 언행에 주의하라.

SELF TEST

나도 혹시 **연예인형 상사?**

☐ 인간성 좋다는 말을 듣고 싶다.

☐ 직원들 각자의 특성이나 사생활에 관심이 많고, 많이 아는 편이다.

☐ 회의 석상에서 언성을 높이는 경우가 거의 없고, 논쟁도 회피하고 싶다.

☐ 의견대립이 첨예할 때, 결정 내리는 것이 부담스럽고 주저된다.

☐ 자신에 대한 직원들 평가가 궁금하고, 신경도 많이 쓰인다.

☐ 부하직원에게 될 수 있으면 권한을 많이 위임하는 게 좋다고 생각한다.

▶▶ **굿맨 콤플렉스에 빠진 건 아닐까?**

위의 항목 가운데 3가지 이상 해당되는 분들은 본인이 연예인형이 아닐까 의심해봐야 한다. 대화를 통한 배려와 경청은 조직에서도 부하직원들의 마음을 열게 하고 공감대를 형성하는, 리더에게 꼭 필요한 덕목 중의 하나다. 독일의 문호 괴테는 "황금보다 더 밝은 것은 불빛이며, 불빛보다 더 찬란한 것은 대화"라고 말하지 않았던가.

다만, 리더의 배려와 경청도 다소 전략적일 필요가 있다. 배려가, 노력하지 않고 지속적으로 기대 이하의 성과를 창출하는 부하직원을 허용한다거나, 부주의에서 오는 실수를 감싸주는 것으로 이해되어서는 안 된다.

《삼국지》에 등장하는 유비는 조조에 비해 상대적으로 덕장에 비유되지만, 우유부단한 장수로 묘사되기도 한다. '이 사람을 위해서라면 충성을 다할 수 있겠다'라는 느낌을 갖도록 사람의 마음을 끌어당기는 인간적인 매력을 가졌음에도 불구하고, 중요한 순간 의사결정을 실기失期하는 경우가 한두 번이 아니었다.

유비와 같이 관계를 중시하는 연예인형 리더는 갈등을 외면하거나 주도적인 실행에 약점을 보일 수 있다. 옆집 아저씨, 친한 언니 같은 편안하고 부드러운 이미지를 중시하고 '좋은 게 좋은 것'이라고 생각하는 탓에, 갈등해결이 필요한 순간 오히려 그것을 감추거나 모른 척 넘기려는 성향이 있기 때문이다.

언제나 웃는 얼굴로 무조건 좋은 사람, 착한 사람으로 보이려고 하는 굿맨 콤플렉스 Goodman Complex에 빠진 것은 아닐까? "사람은 좋은데 일은 빨리 해결되지 않는다", "싫으면 싫다고 이야기해야 하는데 도통 의중을 모르겠다"라는 평가를 받고 있다면 이를 의심해봐야 한다.

조직생활에서 긍정적 의미의 갈등이 필요한 경우가 있다. 협업이 필요한 순간 서로의 업무를 핑계로 또는 책임회피를 위해 의사결정을 안 하고 핑퐁게임을 하는 경우 리더가 갈등이 두려워서 또는 자신의 이미지가 실추될 것을 우려해서 양쪽 입장을 모두 옹호하면, 문제해결은 요원한 일이 되고 만다. 직접 나서서 서로의 의견을 두고 논쟁하게 만드는 등 일부러 갈등을 일으켜 의사결정을 하도록 만들 필요도 있다.

경청 역시 '듣는 것이 수용을 의미한다'는 잘못된 기대를 상대방에게 심어줄 수 있음을 경계해야 한다. 배려와 경청의 의미와 범위를 분명히 해야 한다는 의미이다.

배려와 경청이 '일을 만들어가는 과정'과 연계될 필요도 있다. 배려와 경청은 잘 이루어지고 있는데, 일은 제자리에서 맴돌 수 있다. 리더가 사람 사이의 원만한 관계형성에만 초점을 맞추기 때문이다. 배려와 경청을 통해 이슈를 명확하게 정의하는 한편, 문제해결의 방법 및 역할분담 등의 실타래를 하나씩 풀어가는 것이 필요하다.

카리스마로 둔갑한 리더십, **혁명가형** 4

팀장회의를 다녀온 강 부장 얼굴이 노랗게 죽어있다. 오늘 회의에 사장님이 들어오신다더니, 역시나 일장연설을 하신 모양이다.

"부장님, 무슨 일 있으셨어요? 안색이 안 좋으세요."

미운 정도 정인 모양인지, 그래도 강 부장 걱정을 하는 것은 박 차장뿐이었다.

"말도 마. 사장님은 정말 어휴. 구제불능이야. 회의시간의 1퍼센트만 우리가 얘기하고 나머지 99퍼센트는 사장님이 혼자 말씀하셨다니까."

"정말요? 너무하셨다. 사장님 말씀 많은 건 알아줘야 한다니까요."

박 차장이 장단을 맞춰주니 강 부장은 둑이 터진 듯 쉴 새 없이 불만을 토로했다.

"말이 많은 건 그나마 참을 수 있어. 문제는 항상 본인만 옳고, 우린 틀리다고 하는 거지. 본인 회사니까 그럴 수도 있지만, 우리가 다 반대하는 사안을 혼자 밀어붙이고 있다고."

"혹시 또 신사업 얘기 꺼내셨어요? 이번 사업은 어떤 거예요? 부장님 보시기에 가능성 전혀 없는 사업이에요?"

"가능성이 보이면 나도 반대할 이유가 있나. 에휴. 이제 주말도 다 반납하고 한 6개월 죽도록 고생하다가, 완전히 망한 다음에 뒷수습하면 되겠지. 하루 이틀 일인가. 박 차장도 각오하라고."

박 차장은 눈앞이 캄캄해졌다.

"반대하시는 분 없었어요?"

"반대가 없긴. 사장님 눈치 보면서 죄다 한마디씩 하긴 했는데. 박 차장도 알잖아, 사장님 성격. 한번 마음먹으면 누구도 못 말리는 거. 이사님, 상무님 모두 몇 마디 하시다가 깨갱 하고 가만히 있었어."

질레트의 CEO였던 제임스 킬츠James Kilts는 "성공의 반대되는 개념은 실패가 아니라, 아무런 변화도 추구하지 않는 것이라고 생각한다"며 변화와 혁신의 중요성을 강조한 바 있다. 이 시대 기업에게 있어 '변화'만큼 중요한 키워드도 드물다. 이런 시대의 요구에 맞춰 가장 각광받는 리더십유형 중의 하나가 변화를 중시하고 혁신을 선도해나가는 혁명가형이다.

이런 유형의 상사들은 현실에 안주하지 않는 끊임없는 변화를 모색함으로써 기술의 급진전, 빠른 시장과 경쟁사의 변화에 대응하려고 노력한다. 실패에 대한 두려움보다는 변화하지 않고 현실에 안주하는 것을 더 우려하는 스타일이기도 하다. 그래서인지 직원들이 새로운 것을 시도하다 실패한 것에 대해서도 상대적으로 너그러운 편이다. 오히려 가만히 있는 것을 못마땅하게 여기기도 한다.

변화한다는 것 그리고 미래를 예측한다는 것이 쉬운 일은 아니다. 그러기에 이들은 기존의 방식, 관습들을 타파하기 위해 새로운 것들을 쉴 새 없이 찾고 시도하는 습성이 있다. 하지만 구성원들의 참여와 동의가 이루어지지 않는 한, 지속적인 변화 추구는 개인의 독단적인 행동처럼 보일 수 있으며, 조직에 피로감을 줄 수 있다. 상사 자신은 이것을 추진력 있는 카리스마로 여기겠지만, 직원들은 '혼자서 하시죠!'라며 냉소적인 반응을 보일 가능성이 큰 것이다.

우리는 모두 만성피로 증후군에 시달리고 있다

혁명가형 상사는 조직이 창의적으로 움직이고, 외부의 시장변화에 깨어있도록 만드는 장점이 있다. 다만 리더가 구성원들의 지지를 받지 못할 정도로 지나치게 오랫동안 변화를 추구하는 과정이 이어질 경우, 부작용을 겪을 수도 있다. '보고를 위한 보고'가 구성원들의 사기를 꺾는 것처럼 '변화를 위한 변화'도 조직의 피로도를 높이기 마련이다. 팽팽하게 당겨진 활이 약간의 충격만 받아도 쉽게 부러지는 것과 같은 이치다.

닛산을 위기에서 구한 인물로 평가받는 카를로스 곤Carlos Ghosn 회장도 지속적인 변화추구로 조직의 피로도가 높아지는 경험을 한 적이 있다. 취임 후 '닛산 리바이벌 플랜', '닛산 180(판매대수 100만대 증가, 영업이익률 8퍼센트, 부채 0퍼센트 달성)', '닛산 밸류업' 등의 경영혁신을 추구했으나 2007년경 과도한 수치경영 및 공격경영의 부작용으로 안팎으로부터 '사원들이 피로 증후군에 시달린다'는 지적을 받기에 이른다.

일명 'TATT^{Tired All The Time} 증후군'으로도 불리는 만성피로 증후군은 특별히 어려운 일을 한 것도 아니고 야근을 한 것도 아닌데, 몸과 마음이 힘들어지는 증상을 일컫는다. 만성피로는 단지 몸만 힘들게 하는 것이 아니라, 의욕을 상실하게 하여 일에 소홀해지도록 만든다. 이것이 생기는 원인이야 다양하겠지만, 일반적으로 성과에 대해 끊임없이 강한 압박을 받거나, 의욕 넘치게 추진했던 일이 좌절되었을 경우 이 증후군에 쉽게 노출된다.

이를 극복하려면 무엇보다 반전을 노려야 한다. 지루하게 이어지는 일상에서 여가활동 등 자기만이 즐길 수 있는 무언가를 찾아보는 것도 방법이다. 작은 성공을 통해 성취감을 맛보는 것 역시 중요하다. 이런 반전을 빨리 노리지 않는다면 조직에서 불성실하거나 열정이 없는 직원으로 낙인찍힐 수 있다.

하지만 숨 쉴 틈 없이 굴러가는 회사생활에서 여가생활을 할 시간을 따로 쪼개기가 어디 쉽냐고 말하는 이들이 많을 것이다. 발 빠른 변화도 좋지만 때로는 조직의 역량, 자원을 고려한 템포조절이 필요하며, 해야 할 일들은 가득한데 역량 있는 인재가 충분하지 못하거나 역할분담이 제대로 이루어지지 않는다면 오히려 조직에 불만이 쌓일 수 있다고 호소하는 이들이 많은 것도 이러한 이유에서다.

근거 없이
반대하지 마라

'모든 혁신에는 반대가 있다. 사람들은 새로운 것에 익숙하지 않고, 자신들이 상상하던 것과 다른 것을 받아들이기 어려워한다.'

혁명가형 상사의 머릿속에는 이런 생각이 자리 잡고 있을지 모른다. 새로운 것에 도전하고자 할 때, 직원들의 반대를 당연한 것으로 생각한다. 머릿속에서는 '반대하는 것을 어떻게 설득해볼까?'를 고민하는 것이 아니라, 이미 한창 일이 진행되고 있다. 일에 대한 분담, 절차 등에 대한 구상이 끝나고, 이미 좋은 결과가 나올 것이라고 생각하면서 행복한 상상의 나래를 펼치고 있을지 모른다.

이런 상사에게 무턱대고 반대의견을 내놨다가는 창의적이지 못하고, 무능한 직원으로 낙인찍히기 십상이다. 상사의 생각에 허점이 보인다거나, 상사의 생각이 현실과는 너무도 괴리가 있는 허황된 것이라 해도 무턱대고 반대해서는 안 된다. 차라리 상사의 의견에 따르는 것이 나을 수 있다. 방향이 맞는 것이라면 어떻게 잘할 수 있을지를 고민해서 상사에게 조언하는 것이 성과향상에 기여하고, 상사와의 갈등을 회피하는 지름길이다.

그럼에도 불구하고 '정말 이 방향은 아니다'라고 생각한다면 제대로 준비하고 상사와 맞붙어야 한다. 자신의 생각을 뒷받침할 만한 논리적 근거나 객관적 데이터를 준비해야 한다. 상사의 의견대로 추진했을 때 발생할 수 있는 리스크나 문제점을 조목조목 정리해서 제시하면 금상첨화다. 자신의 생각에 동조하는 동료들을 모아 상사를 설득하는 것도 좋다.

강 부장 역시 사장님의 지시를 듣자마자 반대의견을 쏟아내기보다는, 일단 알겠다고 하고 그 회의를 마무리 지었어야 했다. 이후 사장님이 말한 신사업의 성공 가능성이 어느 정도 있는지 철저히 조사·분석한 후, 이사나 상무 등과 의견조율을 거쳐 사장님께 차분히 보고를 했다면 어땠을까. 조사과정에서 의외로 사장님 이야기가 가능성 있는 것임을 발견했을 수 있다. 그게 아니라면 사전에 시작하지 않도록 말리는 것이 옳다. 결국 이런 일들의 뒷수습은 사장님이 아니라 실무진에서 해야 하기 때문이다.

이런 준비 없이 혁명가형 상사의 '나를 따르라'는 지시에 반기를 든다면 조직생활이 순탄할 리 없다.

일이 되게끔 만드는 것은 부하직원들의 몫

조직에서 리더십스타일 조사를 해보면 혁명가형 상사가 많지는 않다. 이런 희소성 때문인지 사람들은 혁명가형 상사의 카리스마에 열광하기도 한다.

물론 존경받는 혁명가형 상사도 있지만, 대부분 이들은 '속 빈 강정'이라는 질타를 받는다. 이들은 마치 선동가와 같아서, 추구하는 사상이나 내뱉는 말, 보이는 행동이 많은 이들로 하여금 이들을 우러러보게 만들지만, 정작 일이 진행되어 완성에 이르도록 만드는 기술은 부족하기 때문이다. 한마디로 실무에 대해 제대로 모르는 것이 이런 리더의 특징이다.

이들은 주로 자신의 역할이 어떤 일을 추진할 때 대의명분을 챙기고 정당성을 알리는 것이라고만 생각한다. 손을 들어 산의 정상을 가리키며 '왜 저기로 가야 하는지'를 역설할 뿐이다. 예를 들어, 조직문화 변혁 프로젝트가 시급하다고 판단하면, 혁명가형들은 경영진에게 그 필요성과 효과에 대해 이해시키는 역할에 몰입한다. 프로젝트가 시작된 뒤에는 팀 구성이나 일정, 구체적인 작업내용에 대해서는 크게 신경을 쓰지 않는다. 결국, 일이 되게끔 만드는

것은 부하직원들의 몫이다.

　부하직원들의 헌신적인 뒷받침이 없으면 가고자 하는 방향으로 가기도 힘들고 일의 추진도 어렵다. 혁명가형 상사와 일할 때에는 상사의 역할을 '일의 시작'과 '방향설정'에 국한하고, 직접 '하우투 How to'를 챙기는 것이 바람직하다. 혁명가형 상사에게 뒷부분까지 기대했다가는 오히려 실망과 갈등만 겪게 될지도 모른다.

　혁명가형 상사임이 틀림없는 강 부장의 사장 역시, 본인이 제안한 신사업을 추진하게 된다 해도 구체적인 실행에 들어가면 손을 뗄 것이 분명하다. 강 부장은 본인 입으로 말한 것처럼 앞으로 6개월간 죽음의 야근행진을 벌여야 할지도 모른다. 때문에 세부적인 사항을 챙기는 한편, 실행 팀의 일이 너무 과중하지 않도록 업무스케줄을 배분하고 인력을 충원하는 등 부가적인 지원계획 역시 준비해야 한다. 이래저래 혁명가형 상사와 일하는 부하직원은 일복이 터진 사람들이 확실하다.

혁명가형 상사와 **갈등 피하기**

- 무턱대고 반대하지 마라. 자료와 데이터를 준비한 뒤에 논리적으로 반대하는 이유를 설명해야 한다.
- 일의 세부적인 내용보다는 전체적인 방향이나 틀에 대한 공감대 형성이 먼저다. 이 부분에 대한 충분한 논의가 이루어진 다음 실행에 돌입해야 한다.
- 실행에 들어가기로 한 다음에는 일의 세부적인 진행이나 분석, 방법 등을 상사에게 기대하지 말고 직접 챙겨야 한다.
- 일이 몰리지 않도록 상사에게 업무스케줄, 활용 가능한 자원 등에 대해 수시로 보고하라.

나도 혹시 **혁명가형** 상사?

☐ 나도 모르게 선봉에 서 있는 경우가 많다.

☐ 직원들이 기존의 방식에 익숙해 있는 것을 보면 답답하다.

☐ 남이 하지 않은 일에 대한 호기심이 강하고 먼저 시도하는 것에 주저함이 없다.

☐ 리스크 없는 일은 없다. 리스크보다는 기회에 더 주목한다.

☐ 앞뒤 재지 않고 일단 시작하는 것이 중요하다고 생각한다. 발생하는 문제는 차차 해결하면 된다고 믿는다.

☐ 세부적인 업무보다는 전체적인 그림을 그리는 데 더 능숙하다.

▶▶ 독단으로 비춰질 수 있다는 걸 아시나요?

위의 항목 가운데 3가지 이상 해당되는 분들은 혁명가형 리더일 가능성이 높다.

지금은 고인故人이 되었지만 아이폰, 아이패드의 연이은 히트로 혁신의 아이콘이 된 스티브 잡스. 그는 자사의 신제품을 발표하는 세계개발자회의Worldwide Developers Conference, WWDC에서 카리스마 넘치는 프레젠테이션으로 전 세계 IT마니아들을 매료시키곤 했다. 조직운영에 있어서도 제품의 디자인과 사양을 구체적으로 제시하고 개발을 주도하는 등 강한 카리스마를 발휘한 그였다. 이런 이유로 그는 '원맨 경영'을 한다는 따가운 눈총을 받기도 했다.

카리스마는 변화에 대한 강한 자신감과 확신 속에서 발현되는 경우가 많은데, 이것이 지나칠 경우 독단으로 변질될 가능성이 크다. 그 정도가 심해지면 조직 내에 집단지성이 발휘되기 어렵고, 리더는 존재하나 리더십은 존재하지 않는 부작용으로 이어질 수 있다.

이를 예방하기 위해서는 아무리 리더라 할지라도 타인의 평가와 자극이 필요함을 인식해야 한다. 이것은 타인의 관점에서 나를 객관적으로 바라보고 반추해볼 수 있는 진단과 학습의 도구로서 중요한 의미를 가진다. 이런 장치가 마련되어 있지 않다면, 이 유형의 리더들은 자기만족에 빠져 독선적인 사람으로 추락할 수밖에 없다.

3장

넌 누구냐?
정체 모를
부하직원의 심리

상사 때문에 스트레스를 받고 이직충동을 느끼는 사람들도 많지만, 조직에서 소위 상사라고 불리는 사람들 역시, 부하직원들 때문에 스트레스 받기는 마찬가지다. 예전에 자신이 당했던 대로 호되게 야단도 치고 면전에 보고서를 집어던지고 싶은 마음도 굴뚝같지만, 지금 이렇게 행동했다가는 리더로서의 성품이나 자질이 부족하다는 평가와 함께 따돌림을 당할 수도 있다.

　　춘추전국시대에 천하를 놓고 대립하던 항우와 유방. 항우는 자타가 공인하는 뛰어난 장수였으나 휘하의 장수를 발탁하고 활용하는 데 서툴렀다. 반면, 유방은 능력 면에서 항우에 미치지 못했으나, 장량이나 소하, 한신과 같은 유능한 인재들을 발굴하여 능란하게 활용했기 때문에 천하를 통일할 수 있었다. 유방 자신도 천하통일 후 "나는 전쟁을 수행하는 데 있어 장량, 소하, 한신만 못하다. 하지만 나는 이들을 얻어 그들의 능력을 충분히 발휘하도록 해주었다. 바로 이것이 내가 천하를 얻은 까닭이다"라고 말한 바 있다.

　　사람마다 장점이 있고 그 장점을 드러내는 방식도 다르다. 이것이 직장에서는 일하는 스타일로 나타난다. 상사가 말하는 부하직원에 대한 불만은 능력부족에서 오는 것도 있지만, 주로 일하는 스타일의 차이에서 기인하는 경우가 많다. 우리가 흔히 이야기하는 직장 내 세대차이도 알고 보면 일하는 스타일의 차이라고 할 수 있다.

　　상사가 직원의 일하는 스타일을 이해하고 거기에 조금이나마 보조를 맞춘다면 갈등의 상당 부분은 해결될 수 있다. 부하직원들은 상사의 이런 행동을 직원에 대한 배려이자 바람직한 리더십으로 인식할 것이다. 나아가 이렇게 행동하는 상사에게 무한한 신뢰와 존경을 보일 수도 있다.

부하직원의 이러한 신뢰와 존경은 상사 개인에게도 큰 선물이 된다. 실제로 미국 UC버클리대학교의 심리학자 카메론 앤더슨Cameron Anderson 교수는 "주변사람들로부터 존경과 인정을 받는 것이 돈을 많이 버는 것보다 개인의 행복에 더 큰 영향을 미친다"라고 말한다.

앤더슨 교수는 100여 명의 MBA 학생들을 대상으로 졸업 전과 졸업 후(9개월 뒤)의 소득수준, 조직에서의 위치 그리고 자신이 느끼는 행복수준의 변화를 추적조사했다. 연구 결과, 주변사람들로부터 존경과 인정을 많이 받는 사람들이 소득수준이 높은 사람들보다 스스로 더 행복하다고 느끼고 있었다. 교수는 "사회관계 속에서 느끼는 지위가 변화하면 9개월이라는 짧은 시간 안에 행복수준도 변화할 수 있다"고 주장한다.

수입이 늘면 그 순간은 행복할 수 있다. 그러나 사람들은 '수입이 증가한 것'에 금방 익숙해지면서 자신이 느꼈던 행복에 무뎌지게 된다. 앤더슨 교수는 "로또에 당첨된 사람들도 처음에는 행복해하지만, 이들의 행복수준은 금세 로또당첨 이전 수준으로 되돌아온다"고 말한다.

직장생활도 별반 다르지 않아 보인다. 리더의 위치에 있을수록 진급하고 연봉이 인상되는 것 못지않게 부하직원들로부터 존경받고 실력을 인정받는 것이 행복에 큰 영향을 미친다. 부하직원들이 원하는 것이 무엇인지 눈과 귀를 열어 알아보자. 그들에 대해 얼마나 알고 있는지 스스로에게 질문을 던져보라.

부하직원의 '업무스타일' 진단법

부하직원의 업무스타일을 평가해보자. 직원들이 평소에 상사의 지시에 어떻게 따르고, 동료들과는 어떻게 일하는지, 그리고 보고서의 내용은 어떻고, 자신의 생각을 어떻게 표현하는지 등을 먼저 관찰해보자. 직원에 대한 선입견을 최대한 억제하고 관찰한 것을 떠올리며 각 문항에 대해 1~5점 척도로 평가해보자.

전혀 그렇지 않다: 1점 | 그렇지 않다: 2점 | 보통: 3점 | 그렇다: 4점 | 매우 그렇다: 5점

1. 끌려가기보다는 상황을 주도하기를 원한다. ___

2. 의견 차이가 있을 때 상대의 의견을 잘 수용하지 못하고, 상대를 설득하려고 하지도 않는다. ___

3. 지시하지 않으면 먼저 움직이지 않는다. ___

4. 말이 많고 따지기를 좋아한다. ___

5. 상사가 지시하기 전에 먼저 움직이는 적극성을 보인다. ___

6. 업무분담을 하면서 함께 일하는 것보다는, 혼자서 일하는 것을 선호한다. ___

7. 일이 많으면 쌓아두는 경향이 있다. ___

8. 상황을 이해하려 하기보다는 문제를 찾아서 지적하는 등 비판적인 시각이 강하다. ___

9. 라이벌 의식이 강하며, 경쟁에서 지는 것을 참지 못한다. ___

10. 단순명료한 것을 선호하기 때문에 복잡한 것을 회피하는 경향이 있다. ___

11. 생각이 많은 편이고, 정리가 되지 않으면 행동으로 옮기지 않는다. ___

12. 자랑하지 않고 나서지 않을 뿐, 스스로를 최고라고 생각한다. ___

13. 자신감이 강하고, 자신의 실력을 과대평가하는 경향이 있다. ___

14. 대인관계 갈등이 있을 때, 먼저 나서서 해결하지 않는 편이다. ___

15. 상황대처 및 순발력이 부족하다. ___

16. 자신보다는 다른 사람에 대한 이야기를 많이 한다. ___

각 문항의 점수를 아래 해당하는 빈칸에 쓰고, 각 타입별로 총점을 구한다. 가장 높은 점수가 나온 타입이 부하직원의 일하는 스타일이다. 높은 점수가 두 타입에서 나타날 경우, 각 타입의 특징이 복합적으로 나타나기도 한다.

1번	5번	9번	13번	총점	A 타입
점	점	점	점	점	

2번	6번	10번	14번	총점	B 타입
점	점	점	점	점	

3번	7번	11번	15번	총점	C 타입
점	점	점	점	점	

4번	8번	12번	16번	총점	D 타입
점	점	점	점	점	

앞에서 구한 총점을 아래의 표에 기입해보자.

총점 \ 타입	A타입 (질주형)	B타입 (뚝심형)	C타입 (말뚝형)	D타입 (나 잘난형)
업무스타일	점	점	점	점

위의 네 가지 타입 가운데 가장 높은 총점이 나온 타입을 아래 그림에서 찾아보자. 각 유형에 따른 특성을 기억해두자.

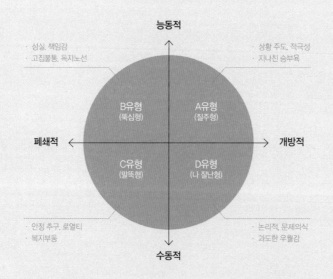

자, 그러면 이제 부하직원 다루는 법을 본격적으로 살펴보자.

이봉주보다 우사인 볼트가 좋다, **질주형** 1

"사장님께서 신사업 추진계획을 짜오라고 하시는데, 탁 대리 자네가 맡아줬음 좋겠네."

"또 저예요? 그리고 신사업 추진계획이라고 하면 우리 팀에서 맡을 일이 아니잖아요. 그건 사업기획팀에서 맡아야죠."

뜻밖의 응답에 강 부장은 난감한 표정이었다.

"우리 회사가 언제 구획 딱딱 나눠서 일했던가. 게다가 자네가 예전 회사에서 이 분야를 좀 했잖아."

"……예전에 정리해둔 것이 어딘가 있을 것 같긴 하네요. 이것과 다른 기업사례 조사해서 아이디어 짜보겠습니다."

탁 대리는 심드렁하게 답했다.

"그래, 3개월 정도로 일정 짜고 홍 과장이랑 나를 보고라인으로 해."

"이번에는 부장님께 직접 보고드리겠습니다. 홍 과장님은 내용도 잘 모르시고, 괜히 보고절차만 복잡해지지 않습니까?"

강 부장은 난감한 표정으로 대답했다.

"그래도 그렇게 하면 홍 과장이 서운해할 텐데…."

조직에도 마치 단거리육상의 황제 우사인 볼트처럼 고속질주하는 직원들이 있다. 이들은 일의 처리도 빠르고 똑똑하다는 평가를 받는다. '알아서, 빨리빨리'를 주문하는 상사의 요구에 잘 대처하기 때문이다. 승진도 빨라서 남보다 1~2년 정도 앞서나가는 기쁨을 누리기도 한다.

이런 질주형들은 일에 대한 욕심이나 열정도 많고 승부욕도 강하다. 남들에게 뒤처지는 것을 스스로 용납하지 못하고 선두주자가 되기를 바란다. 상사나 주변동료들로부터 인정받는 만큼 자신의 역량에 대한 자신감도 넘친다.

일하는 스타일도 다른 직원들과는 조금 다르다. 이들은 일이 주어지면 전체적인 윤곽을 파악하고 그로부터 결론을 먼저 생각한다. 그리고 이를 뒷받침할 만한 논리적인 근거 한두 가지를 정리해서 상사를 찾아간다. 일 처리가 빠르다는 평가를 받는 이유가 여기에 있다.

상사 입장에서는 이런 직원들이 예뻐 보일 수밖에 없다. 회사일의 상당 부분이 그때그때 발생하는 이슈를 해결하는 것인데, 부하직원이 이런 것들을 제때 처리해주기 때문이다.

그러나 질주형에게 장점만 있는 것은 아니다. 때로는 상사와 마찰을 일으키기도 하고, 우려를 낳기도 한다. 질주형에 대한 상사의 단거리육상의 황제 우사인 볼트처럼 고속질주하는 직원들이 있다.

이들은 일 처리도 빠르고 똑똑하다는 평가를 받는다.

승진도 빨라서 남보다 1~2년 정도 앞서가는 기쁨을 누린다.

하지만 이들은 자신감 강하고 상사로부터 더 인정받고 싶은

욕심 탓에 무리수를 두는 경우가 있다.

불만은 문제를 오로지 단답형으로만 해결한다는 것이다. 이러한 방식이 문제를 단순화해서 실행력을 높이는 데는 요긴하나, 어디 세상의 모든 일이 'A＝B'식만 있겠는가? 때로는 선다형으로, 주관식으로 풀어야 하는 문제도 있기 마련이다. 그리고 문제해결방안이 가져올 부수적인 효과나 역기능도 고려해야 한다. 질주형들은 이런 부분이 약한 것이다.

질주형 중 간혹 기본기가 약하거나 자신의 위치에 필요한 역량을 갖추지 못한 경우들도 있다. 이 때문에 '그 자리에 올라올 때까지 이것도 몰랐어?'라는 상사의 노여움을 받기도 한다. 고속승진한 직원들에게서 종종 발견되는 특징이다. 이런 직원들은 '피터팬 증후군', 즉 동화의 주인공 피터팬이 나이에 맞는 역할을 습득하지 못하고 현재 상황에 주저앉으려는 심리를 경험하기도 한다. 예를 들어, 중간관리자로 승진한 이후에도 여전히 사원이나 대리의 시각으로 조직을 바라보고 행동하는 것이다. 관리자로서 갖춰야 할 경험이나 역량을 제대로 쌓지 못했기 때문이다. 따라서 질주형 부하직원을 둔 상사라면 이들이 기본기를 다지고 장기적으로 성장해나갈 수 있도록 이끌어야 한다.

나만한 인재가
흔하지는 않죠?

조직에서 잘나가는 만큼 자신감이 큰 것도 질주형 직원들의 특징이다. 일 처리도 빠르고 해오는 모양새도 나쁘지 않으니, 상사들이 일이 많거나 갑작스럽게 위로부터 일이 떨어졌을 때 이들에게 의지하게 되는 것이 당연지사다.

하지만 질주형들은 자신감이 강하고 상사로부터 더 인정받고 싶어하는 욕심이 크기 때문에 종종 무리수를 두는 경우가 있다. 중간의 보고라인을 거치지 않고 직보를 한다거나, 상사를 가르치려 드는 경우가 발생하기도 한다. 위아래도 모른다는 핀잔을 듣는 이유가 여기에 있다.

실력에 대한 과신 때문에 실수를 저지르기도 한다. 위로 올라갈수록 실무를 잘 모르기 때문에, 상사들은 세세한 부분까지 개입하는 대신 일 잘하는 직원에게 상당한 자율권을 주곤 한다. 그런데 질주형 직원들은 일을 좀 더 빨리 처리하거나 예상하는 것 이상의 성과를 내보려는 욕심 때문에, 리스크나 세세한 부분을 간과해서 사고를 치는 경우가 많다.

이런 직원을 둔 상사의 머릿속에는 욕속부달欲速不達이라는 고사성어가 떠오를 법하다. 너무 급하게 서두르면 오히려 이르기 어렵다는 의미다.

차근차근 일을 배워가며 실력을 쌓고, 그것이 토대가 되어야 장기적인 성장을 이룰 수 있다는 것을 상사가 이들에게 깨우쳐줄 필요가 있겠다. 또한 반드시 상사가 중간점검을 해주거나 다른 직원이 이중점검을 하게 해서 업무가 실수 없이 진행되도록 체크해야만 할 것이다.

때로는 충격요법도 필요하다

"홍 과장, 요즘 탁 대리를 무척 압박하는 것 같던데. 좀 봐주라고. 탁 대리는 풀어놓아야 날아다니는 애거든."

강 부장의 제안으로 마련된 술자리. 홍 과장은 강 부장이 갑자기 왜 술 한잔 하자고 했을까 의아했는데, 역시나 할 얘기가 있는 것이었다. 홍 과장은 빙그레 웃으며 말했다.

"부장님이 무슨 말씀하시려고 하는지 알 것 같네요. 탁 대리 좀 내버려둬라, 이거죠? 근데 전 그럴 생각이 없는데요."

강 부장은 당황한 기색이 역력했다.

"부장님, 설마 제가 누구 괴롭히는 데서 희열을 느끼는 못된 상사 타입으로 보이시는 건 아니죠?"

"당연하지, 이 사람아. 그런 건 아니지만, 탁 대리가 요즘 자네를 너무 어려워하는 것 같아서."

"저 이래봬도 전에 다니는 회사에서 팀장으로만 5년을 일했습니다. 분야를 바꿔 오는 바람에 팀원으로 들어왔지만, 어쨌든요. 탁 대리 같은 타입은 제가 좀 알아요. 그런 친구들은 밀어붙여야 합니다."

"응? 그게 무슨 소리야?"

"탁 대리가 여기서 계속 승승장구했다면서요? 며칠만 같이 일해도 알 것 같더라고요. 성공에 대한 욕심이 보통이 아닌 친구에요. 물론 그 야망만큼 열정도 있고, 업무 능력도 뛰어나지요. 하지만 그렇게 실패경험 없이 계속 잘나가기만 하면, 나중에 위기상황이 왔을 때 크게 추락할 수 있어요. 아니면 자기가 제일 잘난 줄 알고 콧대가 높아져서 결국 열심을 다하지 않게 될지도 모르고요."

"아, 그런가? 평소 탁 대리가 원체 겸손하고 싹싹해서 그런 느낌은 못 받았는데."

"겉으로는 그렇게 보이겠지만, 결정적인 순간이 오면 아마 부장님도 깜짝 놀랄 만큼 다른 모습을 보게 되실지 몰라요. 그 친구 앞날을 위해서라도 좀 더 누군가가 다그치고 압박할 필요가 있다고 봅니다."

"그러고 보니, 얼마 전에 탁 대리가 좀 당돌한 얘길 하더군. 홍 과장. 자네 이야기를 들으니 내가 많이 반성이 되네. 난 그것도 모르고 자네 성격이 원래 그렇게 시어머니 타입인가 했지 뭐야."

"하하. 뭐 원래 성격이 좀 그런 타입이기도 합니다. 탁 대리가 적수를 제대로 만난 셈이죠."

질주형들은 일을 곧잘 하기 때문에 주변동료나 상사로부터 인정을 받고 칭찬도 많이 받는 편이다. 그러나 '잘한다, 잘한다' 칭찬만 할 일은 아니다. 이들이 자만에 빠지지 않고 장기적으로 성장하도록 돕기 위해서는 때로는 충격을 가할 필요도 있다.

그런 의미에서 소위 맷집론이 이들에게 필요한 전략일 수 있다. 맷집론이란 위기나 예상치 못한 상황이 닥쳐도 잘 견뎌내고 이를 돌파할 수 있어야 하며, 상사의 호된 질책에도 의기소침하지 않고 이겨낼 줄 아는 능력을 키워야 한다는 의미다. 상사들 중에 "요즘 직원들 맷집이 너무 약해. 집에서 오냐오냐, 잘한다 잘한다, 칭찬만 듣고 자라서 그래. 자기가 제일 잘난 줄 안다니까"라고 이야기하는 사람들이 바로 맷집론을 추종하는 이들이다.

특히 질주형 부하를 둔 상사라면 이들을 위해 맷집론을 떠올릴 필요가 있다. 예를 들어 직원이 여러 번의 성공경험으로 우쭐해 있거나, 자기 실력에 대한 과신으로 자신감이 충만할 때, 자기 생각대로만 모든 일을 밀어붙이려고 할 때, 맷집론이 유용할 수 있다. 그런 점에서 보면 홍 과장은 이 맷집론을 제대로 활용하는 사람이라 할 수 있겠다. 맷집을 키울 수 있는 몇 가지 방법을 소개해본다.

- 예전에 해보지 않았던 새로운 일을 시킨다.
- 다소 어렵거나 까다로운 문제해결을 맡긴다.
- 업무 마감시간을 짧게 주어 시간적인 압박을 가한다.
- 보고서의 오류, 잘못된 논리전개를 조목조목 지적해서 반론을 펼치게 한다.
- 프로젝트의 리더역할을 맡긴다.

맷집론을 개념화한 것이 역경지수Adversity Quotient, AQ라 할 수 있다. 이는 어려운 환경, 험난한 역경을 극복하고 자신의 목표를 성취하려는 노력의 정도를 의미한다. 어린 시절의 불우한 가정환경을 딛고 성공한 인물들, 사회생활에서의 큰 실패 후 재기에 성공한 사람들일수록 역경지수가 높다고 할 수 있다. 이 개념을 주장한 폴 스폴츠Paul G. Stoltz 박사는 "사람들이 위기와 마주하면 크게 세 가지 유형으로 반응한다"고 말한다. 먼저, 힘든 문제만 생기면 도망가거나 포기하는 사람. 두 번째, 회피하는 모습은 보이지 않지만 그다지 적극적이지 않고 적당히 현실에 안주하려는 사람, 세 번째, 두려워하지 않고 최선을 다해 역경을 극복하는 사람. 당연히 세 번째 유형이 역경지수가 높은 사람들이다.

조직에서 앞만 보고 고속질주하는 직원들은 그 속도 때문에 한 번 넘어지면 쉽게 일어나지 못하고 자포자기하는 경우가 있다. 이런 직원들에게 때로는 충격도 주고, 역경을 극복하는 방법을 가르쳐주는 것도 상사의 몫이다.

하나만 알고, 둘은 모른다

오랫동안 무사고운전을 해온 택시기사에게 그 비결을 물었다. 그러자 "정면만 바라보고 운전하는 것이 아니라, 주변을 잘 보면서 방어운전을 하는 것이 사고를 예방하는 노하우"라는 답이 돌아왔다.

여러 번 성공경험을 하고 조직에서 인정받은 사람들은 자칫 자기가 아는 것이 모든 것이고, 자신의 의견만이 정답인 양 생각할 수도 있다. 그래서 'Go! Go!'를 외칠지도 모른다. 하지만 일을 할 때에는 자기 것만 보는 것이 아니라 동료의 일, 업무들 사이의 연결고리도 생각해야 한다. 그리고 자신의 업무처리 결과가 가져올지 모르는 역효과나 파급효과들도 고려해야 한다.

상사는 다소 자신감에 넘쳐 있고 단편적인 시각에 젖어 있는 질주형에게 '헬리콥터 뷰Helicopter View'를 가지라고 조언해야 한다. 눈높이가 달라지면 시야의 폭도 달라지는 법. 헬리콥터 뷰는 헬리콥터에서 지상을 내려다보는 것처럼 지나치게 높지도, 낮지도 않은 곳에서 전체적인 시야를 확보하는 것을 의미한다.

이것은 특히 이제 막 중간관리자로 도약하려는 직원들에게 필요하다. 실무자로 있을 때는 지나치게 현업에 파묻혀 숲을 보기보다는 나무만 보게 되는 경우가 많다. 하지만 담당하는 업무의 범위가 넓어지고 관리자 역할까지 하게 된다면 실무자의 시각보다는 조직전체의 관점에서 큰 그림을 그리고 조직의 시너지를 살필 줄 알아야 한다. 실무자의 눈 그리고 한 가지 업무만 담당할 때에는 보이지 않던 것들이 조금 더 시야를 넓히면 보이기 마련이다.

이것도 노력과 연습 끝에 만들어지는 것이다. 상사는 직원이 실무에서 눈을 떼지 않으면서도, 자신이 하는 일이 다른 일과는 어떻게 연결될 수 있으며, 조직에는 어떤 파급효과를 가져올지 그리고 이 일을 향후에는 어떤 방향으로 발전시켜나가야 하는지를 끊임없이 고민하도록 주문해야 한다.

질주형을 다루는 리딩 포인트

- 아무리 일을 잘해도 당근만 쥐어주면 안 된다. 때로는 의도적으로 채찍을 들어야 하는 수도 있다.
- 쉬어가는 법, 위기에 대처하는 법을 알려주는 것도 필요하다.
- 보다 넓은 안목을 가질 수 있도록 다양한 업무수행의 기회를 제공한다.
- 하나의 이슈를 다양한 시각에서 바라보고 해석하도록 연습시킨다.
- 자신의 업무처리 결과가 어떤 파급효과나 부작용을 가지고 올 수 있는지 항상 따져보게 한다.

내 업무스타일이 폭주기관차 같은 **질주형**?

☐ 눈치가 빠르고, 시키기 전에 무엇을 해야 할지 안다.

☐ 평가와 승진에 상당히 민감하다.

☐ 자신의 생각을 과신하는 경우도 있고, 동료나 선배를 가르치려 할 때도 있다.

☐ 주변사람들로부터 일 처리가 빠르다는 소리를 듣는다.

☐ 지시받는 것, 지적당하는 것을 싫어한다.

☐ 어떤 일이 주어져도 전투력과 잘 해내려는 욕심이 생긴다.

☐ 업무결과가 좋지 않거나 상사에게 질책을 받은 경우, 크게 낙심하고 극복하는 데 어려움을 겪기도 한다.

▶▶ 초고속 승진을 원한다고요?

위의 항목 중 3개 이상에 해당되는 분들은 자신의 일하는 방식이 질주형일 가능성이 크다. 이들은 직장생활을 마라톤이 아닌 단거리경주처럼 여긴다. 의욕이 앞서며, 조직에서 빨리 성장하려는 욕심이 강하다. 혹여 이런 욕심이 채워지지 않거나 제동이 걸리면, 조직에 대해 쉽게 실망하고 슬럼프를 경험한다. 심지어는 쉽사리 이직을 결심하기도 한다. '이 회사는 나의 능력을 너무 과소평가한다. 나 정도의 실력이라면 다른 회사에서 지금 연봉의 2배 정도는 받을 텐데!'라는 생각 때문이다.

그러나 전문직을 제외하면, 일반적인 직장생활에서 경험이나 역량이 짧은 시간 내에 향상되기는 어렵다. 역량의 수준도 단계가 있는 것이고, 각 단계별로 필요한 역량들도 모두 다르기 마련이다.

그 단계를 일반적으로 네 단계로 나누는데, 첫 단계라 할 수 있는 입사 초기는 기본기를 닦는 시기이다. 조직의 전반적인 분위기, 업무의 종류와 프로세스를 파악하고 현실감각을 키우는 것이 핵심이다. 특히 이상과 이론의 함정에 빠지지 않고 현장과 조직의 생리를 빨리 터득하는 것이 중요하다.

두 번째 단계는 '회사의 꽃'이라 할 수 있는 대리, 과장 직급에 해당된다. 이 시기에는 자신을 대표할 만한 키워드, 즉 전문성을 키워야 한다. 이 단계가 되면 조직에서 실무

담당자 역할을 수행하면서 자기 완결적인 업무수행능력을 갖춰야 한다. 조직도 더 이상 이들을 사회초년생으로 바라보지 않고, 본격적인 실력발휘를 통해 성과를 창출해야 할 핵심인력으로 바라본다. 따라서 '기획 업무=탁 대리'라는 식의 공식이 조직 내에서 자리 잡을 수 있도록 자기만의 전문영역을 구축하고 꾸준히 경험과 실력을 쌓아나가는 노력이 중요하다.

세 번째 단계는 조직에서 관리자 위치에 해당하는 것으로 리더십을 시험받는 시기이다. 이때는 구성원들이 가치 있는 일에 몰두하여 최고의 성과를 창출할 수 있도록 동기 부여할 수 있는 능력을 키워야 한다. 구성원들의 능력 수준을 파악하고 이들이 원하는 일이 무엇인지 제대로 이해하는 것이 핵심이다.

네 번째 단계는 임원. 경영진에 해당하는 시기이다. CEO처럼 생각하고 행동하는 것이 필요하고, 무엇보다 빠르고 정확한 의사결정능력을 키워야 한다. 지속적인 변화와 혁신을 진두지휘해나가야 하는 것도 이들에게 필요한 능력이다.

이처럼 직장생활에도 단계가 있고, 각 단계마다 갖춰야 할 역량도 다르다. 질주형들은 이를 간과하는 경향이 있다. 현재의 성과가 가장 중요하고 빨리빨리 정상을 향해 달려가는 것이 정답이라고 생각한다. 이런 착각 때문에 중간에 한 번 고꾸라지면 회복하기가 너무나 힘들다. 본인 스스로를 위해 생각을 180도 바꿀 필요가 있다.

나만의 방식으로 고집스럽게 간다, 뚝심형 **2**

"이번에 새로 들어온 그 친구 어때? 일 잘해? 신입직원 들어온다고 되게 기대했잖아."

"누구? 선희 씨? 말도 마. 정말 내가 위에서 치이는 것도 모자라 어린 것한테까지 무시를 당한다니까."

이 대리는 담배를 피우며 먼 산만 바라보았다. 옆 팀의 조 대리는 그래도 신입으로 여직원이 들어온 게 어디냐며 부러워하는 눈치였다.

"왜? 성격이 보통 아니야? 그래도 강 부장님이나 박 차장님은 요즘 애들같이 말이 많지도 않고, 일도 잘하고, 야무지다고 칭찬이 자자하시던데."

"일을 잘해봤자 신입이지. 그리고 조그만 게 뭐 그렇게 고집이 세냐. 오늘은 홍 과장님이 걔가 쓴 보고서를 나한테 봐달라고 해서 한번 살펴보는데, 사실 그렇잖아. 신입이 아무리 잘 써봤자 어설프지. 물론 못했다는 건 아니야. 경력 생각하면 말이야. 그래도 아닌 건 아닌 거잖아. 그래서 몇 가지를 지적해줬더니 금세 똥 씹은 표정이 되더라고."

"그걸 가만히 둬?"

"야, 기가 막혀서 말이 안 나오더라고. 아무튼 알았다고 하고 가져가기에 나는 알아들었나 보다, 했는데…… 좀 있다 과장님이 부르시는 거야. 선희 씨 보고서 봐줬냐고. 그래서 봐줬다고 했더니, 봐줬는데 이 정도냐면서 호통을 치시는데… 나중에 보고서 살펴보니까 내가 지적한 부분이 거의 반 이상 수정이 안 되어 있는 거야. 완전히 날 무시했다는 거지."

"장난 아니다. 이 대리 앞으로 고생 좀 하겠는데?"

'우직해서 믿음이 가는 친구야.' '거 참! 고집 있네.' '왜 시키는 대로 하지 않는 거야?' '말을 듣지 않을 거면 자기가 팀장을 하지?' '생각이 다르면 다르다고 이야기를 하든가, 나를 설득해야 하는 거 아냐?'

뚝심형 부하직원에 대한 상사의 평가들이다. 다소 상반된 평가들이 눈에 띈다. 뚝심형들은 마치 집안의 장남처럼 책임감도 강하고, 의젓하며 성실한 편이다. 일이 많아도 불평하는 경우가 적고, 소신을 갖고 꾸준하게 일을 추진한다.

하지만 주관이 뚜렷한 만큼 고집이 세다는 평가를 많이 듣는다. 세상에 자기 고집 없는 사람이 어디 있겠느냐마는 상사 입장에서는 이런 스타일의 직원과 일하는 것이 무척이나 힘들다.

과거 같으면 상사의 권위로 누르겠지만, 요즘 같이 수평적인 조직에서는 이마저 쉽지 않다. 열심히 설득을 하든가, 그래도 고집을 꺾지 못하면 상사가 직접 일 처리를 하는 수밖에 없다. 일을 잘하면 그나마 다행이다. 경험도 적고 역량도 부족한데, 고집이 세면 어찌할 도리가 없다. 속만 답답하고 혈압만 높아질 뿐이다. 연말 고과 피드백 때 "자네는 고집이 너무 세. 고집도 굽힐 줄 알고 다른 사람들 이야기를 수용할 줄도 알아야지"라고 수없이 말해도 변하지 않는다. 위로 올라갈수록 귀를 닫게 된다고 하는데, 벌써부터 이러니 상사 입장에서는 걱정이 안 될 수 없다.

뚝심형에게 어떤 일을 시켜 놓으면 그 자리에서는 알았다고 해놓고, 나중에 가지고 온 보고서가 상사의 생각과 다른 방향으로 전개되어 있는 경우가 허다하다. 두 번, 세 번 다시 지시를 해도 결과는 별반 다르지 않다. 경우에 따라서는 상사가 지시한 방향대로 먼저 보고서를 만들고 난 뒤에, 이것의 단점을 지적하며 자기가 생각하는 방향으로 만든 보고서를 쑥 내밀기도 한다. 자신의 생각이 확고하기 때문이다.

자신의 생각이 맞다고 생각하면 동료의 의견은 물론, 상사의 지시도 잘 듣지 않는 것이 이들의 특징이다. 의견이 다르면 상사를 설득이라도 해야 할 텐데, 말해봐야 소용없다는 생각 때문인지 이들은 입을 닫아버린다.

고집도 있고 사교성이 부족하기 때문에, 동료와 일을 함께하는 것도 불편해한다. 혼자서 일하는 것을 좋아하고 동료들과 의견을 나누면서 보고서를 만들라고 지시해도 뚝심형들은 의견을 나누기보다 혼자서 보고서부터 만드는 경우가 흔하다. 주변의 공감대를 얻어가며 일을 추진해야 하는데, 그것이 약한 것이다.

복잡한 것,
딱 질색이다

복잡한 것을 싫어하는 것이 뚝심형 직원들의 커다란 특징이다. 업무스타일만 봐도 그렇다. 한 가지 사안에 대해 여러 사람의 의견을 들어보고 의견이 상충될 때에는 조율할 줄도 알아야 하는데, 이런 것 자체가 귀찮고 시간낭비라고 생각한다. 혼자서 일하려고 하고 자신의 생각을 만들어서 고수하는 경향이 짙다.

상사가 동료들 의견을 들어보고 보고서를 작성해서 가지고 오라고 지시하면, 뚝심형 직원들은 자신의 의견을 지지하는 한두 명의 사람들만 만나서 기존의 보고서를 그대로 들고 오는 경우도 많다. 물론 이런 것이 때때로 추진력이나 실행속도 측면에서 유리할 수는 있다. 아무래도 여러 사람의 의견을 수렴하고 조율하는 데는 시간이 필요한데, 많은 의견을 듣다가 잘못하면 타이밍을 놓칠 수도 있기 때문이다. 하지만 복잡하다고 회피하기만 하고 직진을 하다가는 낭패를 볼 수도 있다. 뚝심형들이 문제의 해법이라고 내놓는 것이 지나치게 단순해서, 복합적인 이슈해결에 적합하지 않은 것도 이러한 이유에서다.

한 사람의 생각이 여러 사람의 생각을 모두 아우르지 못하는 일도 부지기수다. 이럴 때일수록 자신의 생각을 접어두고 다양한 의견을 청취해서 종합할 줄 아는 능력이 필요하다. 상사가 이런 측면을 짚어주고 보완하는 방법을 구체적으로 지시해야 뚝심형들이 자기 생각에 빠지지 않을 수 있다.

마음의 거리
좁히기

뚝심형들은 자존심 때문이기도 하지만 이유가 있어서 고집을 부리는 경우도 있다. 하지만 상사 입장에서는 이런 유형의 직원들이 평소에 말수도 적은데다 도통 속내를 내비치지 않으니 답답할 노릇이다. 왜 이야기를 하지 않는지 궁금할 뿐이다.

뚝심형들은 말해봐야 소용없다고 생각해서 입을 닫기도 하지만, 상사와 거리감이 너무 크기 때문에 쉽게 입을 열지 못할 수도 있다. 상사와의 거리감은 특히 피라미드형 조직에서 두드러진다. 켈의 법칙Kel's Law에 따르면 피라미드형 조직에서는 직급이 한 단계씩 멀어질수록 심리적 거리감이 제곱으로 커져 직급 간에 두꺼운 벽이 존재하게 된다고 한다. 예를 들어, 동료들 사이의 거리를 1로 할때, 부하직원과 직속상사와의 거리는 2가 되고, 이때의 심리적 거리감은 4가 되는 식이다.

피라미드형 조직에서는 수평형 조직과 달리, 쌍방향 커뮤니케이션이 아니라 위에서 아래로 진행되는 일방적 커뮤니케이션이 이루어지기 쉽기 때문에 이러한 현상이 발생한다. 커뮤니케이션이 주로 윗사람 중심으로 일방적으로 진행되면, 윗사람은 아랫사람의 생각을 읽을 수 없기 때문에 일 중심의 지시와 통제를 점차 강화하게 되고, 이러한 관계가 일상적인 것으로 굳어지는 것이다. 그 결과, 부하직원은 윗사람의 눈치를 보거나 지시에 따르는 수동적인 업무수행을 하게 되고, 뚝심형처럼 말도 없이 자기 주장을 고집하게 된다.

직급 간의 장벽을 허물고 뚝심형들의 속내를 파악하기 위해서는 상사가 먼저 다가가는 수밖에 없다. 일 처리를 빨리 해야 하는 경우이거나 상사의 생각이 더 바람직하다고 생각할 경우에는 직접화법으로 지시를 내려야 한다. 그 이외에는 일방적으로 지시를 하기 전에 직원의 의견과 그렇게 생각하는 이유를 물어보자.

듣는 것도 중요하다. 존슨앤존슨의 전임 CEO였던 짐 버크Jim Burke는 "나는 재직 중 일과의 40퍼센트를 직원들과 의사소통하는 데 할애했다. 그만큼 커뮤니케이션은 중요하다. 그중에서 가장 중요한 것이 경청이다"라고 말했다. 몰입해서 듣고 공감하는 자세도 필요하다. 대화 도중에 고개를 끄덕이거나 질문하는 것도 좋은 자세다.

상사가 뚝심형 부하를 고집이 세다고 질책만 하면 둘 사이에 거리감만 생길 뿐이다. 결국 부하직원은 안으로 안으로 숨어버리고 말 것이다. 상사가 질문과 경청을 잘 활용만 한다면 뚝심형들도 마음을 열고 자신의 생각과 고민들을 하나씩 쏟아낼 것이다.

절대로 혼자 일하게 놔두지 마라

아주 특출한 한 명의 인재가 조직을 이끌어나가는 경우도 있지만, 그 인재를 뒷받침하는 것 역시 집단구성원들이다. 대다수의 조직은 집단의 힘으로 움직인다. 협업과 집단지성이 중요한 이유가 여기에 있다.

그러나 일할 때 집단에 익숙하지 않은 것이 뚝심형들이다. 혼자 고민하면서 일하는 것을 선호하기 때문이다. 서로 토의를 하면서 아이디어를 만들어낼 것을 주문해도, 이 유형의 직원들은 혼자만의 길을 가고자 한다. 토의자리에서는 아무 말도 않고 있다가, 혼자서 뚝딱뚝딱 무언가를 만들어서 가지고 오는 경우가 태반이다. 그러다 보니 생각의 폭이 작고, 자기 틀에 갇혀있다. 하다못해 보고서의 형태나 내용만 보더라도 누가 작성했는지 알 수 있는 것이 뚝심형들의 특징이다.

개인의 발전을 위해서도 뚝심형들을 혼자 일하게 놔두어서는 안 된다. 짝을 이뤄서 일하도록 하는 것이 가장 좋은 방법이다. 부하직원 또는 바로 위의 선배와 함께 일하도록 팀을 구성해주어야 한다. 그리고는 일의 과정을 점검해보자. 서로 어떤 내용을 가지고 토의했고, 각자의 의견은 무엇이었는지 그리고 그 결과물은 무엇인지 챙겨볼 필요가 있다.

뚝심형들에게 업무의 전체프로세스를 총괄하도록 책임을 주는 것도 효과적인 방법이다. 보통의 회사일이 여러 영역으로 구성되어 있고 이것들은 상호연결되어 있다. 뚝심형들은 이 가운데 한 영역의 업무수행에 탁월한 자질을 보이지만, 전체를 컨트롤하거나 꿰뚫어보는 능력은 부족하다. 이런 직원을 상대로 상사가 업무의 전체적인 흐름, 진행상황 등을 수시로 점검한다면 효과를 볼 수 있다.

연단에
세워라

잘 나서지 않고 대인관계 폭이 좁은 것도 뚝심형들의 특징 가운데 하나다. 때문에 자칫 리더십을 키우지 못하고 자기만의 세계에 빠지는 것은 아닌지 우려될 때가 많다.

뚝심형들은 많은 장점을 가지고 있지만, 일하는 스타일만큼은 상사의 속을 터지게 만들곤 한다. 이것에 분을 못 이겨 화를 내고 호통을 치는 정공법으로 대응하면 오히려 부작용이 클 수 있다. 상사와 직원 사이의 마찰을 최소화하면서 이들의 단점을 보완하려면 우회적인 방법이 더 효과적이다.

그중 한 가지 방법은 상사가 뚝심형 부하를 자꾸 연단에 세우는 것이다. 회의를 주관하게 하고 프로젝트의 리더를 맡기며 결과보고도 직접 사람들 앞에서 하도록 할 필요가 있다. 시야도 넓히고 자신의 생각과 다른 의견들이 무수히 존재한다는 것을 스스로 깨우치도록 만들어야 한다. 그리고 자신의 생각이 옳다고 생각하면, 그것을 논리적으로 설명하고 다른 사람을 설득하는 방법도 배우게 해야 한다.

처음에는 고집이 꺾이고 자존심 상하는 일들을 경험할지 모른다. 하지만 이런 상호작용 속에서 대인관계의 폭이 넓어질 수도 있고, 다른 사람의 의견을 받아들이는 방법을 배울 수도 있다.

뚝심형을 다루는 **리딩 포인트**

- 고집 센 뚝심형들이 상사에게 마음까지 닫아버리면 갈등이 심화될 수 있다. 먼저 이들과의 거리감을 좁혀야 한다.

- 혼자 일하게 놔두어서는 안 된다. 항상 팀과 함께 일할 수 있도록 만들어라.

- 질책이 심하면 안으로 숨어버리는 경향이 있기 때문에 주의해야 한다.

- 자기만의 세계에 빠지지 않도록 자신의 생각을 주변사람들과 공유, 토의하도록 만들어야 한다.

- 자신의 생각을 논리적으로 설명하고 남을 설득시키는 방법을 가르쳐야 한다.

SELF TEST
내 업무스타일이 고집불통 **뚝심형**?

☐ 책임감 강하고 성실한 편이다.

☐ 자신의 생각이 명확해지면 뒤로 물러서는 법이 없고 고집을 부린다.

☐ 다른 사람의 의견에 귀를 잘 기울이지 않는다.

☐ 동료와 함께 문제를 풀어가기보다는 혼자서 해결하려고 한다.

☐ 말이 별로 없고, 사교적인 편이 아니다.

☐ 자신의 의견이 받아들여지지 않으면 입을 닫아버린다.

▶▶ 주관도 없이 어떻게 일하냐고요?

위의 항목 중에서 3가지 이상에 해당되는 분은 자신이 상사가 제일 힘들어하는 뚝심형 직원이라고 보면 된다. 한 발 더 나아가, 다음을 읽어보자. 미국 경제전문지 〈포천 *Fortune*〉에 소개된 '직장상사를 괴롭히는 부하직원의 유형'이다.

· 상사의 지시를 제대로 듣지 않는 고집불통 직원

· 아침에는 지각하고, 일찍 퇴근하는 직원

· 사소한 일로 동료들과 다투는 직원

· 끝없는 관심과 애정을 바라는 직원

· 열심히 키웠는데 사표 던지는 직원

어떤가? 여기에서도 상사가 A를 하라고 지시했는데 이를 듣지 않고 자기 고집대로 B를 해서 가지고 오는 직원, 즉 뚝심형을 직장상사를 괴롭히는 부하직원 가운데 첫 번째로 꼽았다. 그러나 뚝심형들도 할 말은 있다. '회사가 군대도 아닌데, 주관도 없이 어떻게 일을 합니까?'라는 것이 이들의 항변이다.

뚝심형들이 일을 하지 않는 것은 아니다. 오히려 이들에게는 성실하고 책임감 있게 맡은 일을 묵묵히 수행하는 장점이 있다. 다만, 일을 처리하는 방식에서 다른 사람의 의견보다는 지나치게 자신의 경험과 생각을 중요하게 여기는 습성을 지니고 있는 것이 문제다.

일할 때 소신과 주관은 반드시 필요하다. 보고서를 작성할 때에도 자신의 주관 없이 다른 사람들의 의견만 반영하게 되면 핵심을 잃기 십상이다. 그러나 소신과 주관이란 여러 사람들의 공감을 얻어야 하는 것이며, 더 나은 의견이 있으면 수정 및 보완되어야 하는 것이다. 그렇지 않으면 소신과 주관은 한 개인의 고집으로밖에 비춰지지 않는다.

강퍅자용剛愎自用이라는 고사성어가 있다. 고집불통에다 제멋대로 일을 처리하기 일쑤인 사람이나 그런 모양새를 가리키는 말이다. 중국 초나라와 진나라의 전투에서 진나라 장수 선곡이 총사령관의 명령을 거부한 채 후퇴하는 초나라를 쫓다가 크게 패한 일화에서 유래했다고 한다.

아무리 유능한 사람이라 해도 완고하게 자기 의견만 주장하고 남의 의견을 듣지 않다가는 크게 낭패를 볼 수 있다. 자신이 뚝심형에 가깝다고 생각하는 분이라면, 강퍅자용에 빠지지 않도록 스스로를 돌아볼 필요가 있다.

왜 일을 깔고
뭉개고 있어?, **말뚝형**

3

"박 차장, 월 초에 고객실적 분석해서 보고하라고 했는데 어떻게 됐어?"

"그 후에 별 말씀을 안 하셔서…."

오늘 아침도 사무실은 강 부장이 박 차장 혼내는 소리로 힘차게 문을 열었다.

"챙기지 않더라도 한 번 지시를 했으면 가지고 와야지! 요즘 일이 많은가?"

"… 일이 조금 밀려있기는 합니다."

"아니, 이 답답한 사람아. 그럼 일이 많다고 조정해달라고 이야기를 해야지. 지금 어

떤 일들을 하고 있나?"

"3~4개 정도 하고 있습니다."

"정확히 몰라? 언제까지 마무리해야 하는지는 알고 있어?"

"대충 알고는 있습니다."

강 부장은 금방이라도 서류철을 던질 기세였다. 간신히 한숨 고르더니 "내가 지시한

업무목록과 일정표 정리해서 한 시간 내로 가지고 와!"라고 소리치곤 밖으로 나가

버렸다.

대인관계에서 다소 폐쇄적이고 업무처리 면에서도 수동적인 특성을 가진 직원들이 이른바 '말뚝형'이다. 마음대로 일을 벌이는 바람에 사고치는 경우도 거의 없고, 무엇보다 내성적이어서 동료들과 다툼을 벌여 갈등을 일으키는 경우도 없다. 어떻게 보면 조직에서 존재감을 거의 드러내지 않는 직원이 바로 박 차장 같은 말뚝형 직원들이다.

말뚝형들의 가장 큰 특징은 도통 속을 알 수 없다는 것이다. 일하는 방식도 지나치게 낙천적이어서 그런지, 급한 것도 없고 '닥치면 하자'는 식이다. 한마디로 '일을 깔고 뭉개고 있다'는 표현이 정확할 것이다. 말뚝형들은 상사가 보고하라고 할 때까지 기다리면서, 결코 먼저 보고하러 오는 경우가 없다. 마치 시간관념이 없는 사람인 양, 마감기한이 언제인지도 모르고 해야 하는 업무가 정확히 무엇인지도 알지 못할 때가 많다.

이들은 틀림없이 학생 시절, 시험 보기 전날 벼락치기를 했을 것이고, 방학이 끝날 때에야 비로소 방학숙제를 몰아서 했을 것이다. 업무방식도 똑같다. 일을 아주 못하는 것은 아니지만, 계획이나 일정에 대한 개념이 부족하기 때문에 상사의 속을 끓인다.

성격 급한 상사와 이들의 궁합은 최악에 가깝다. 말뚝형들은 '일 빨리 안 해도 세상 안 무너지고, 회사 안 돌아가지 않는다'라고 생각한다. 이렇게 빠른 일 처리를 요구하는 상사의 성격에 무계획, 느긋함으로 대처하니 갈등이 없을 수 없다.

말뚝형에게는 관리형 리더십이 필요하다. 일의 처음부터 마지막까지 어떻게 해야 하는지 일정을 함께 세워야 하며, 각 단계마다 세세한 지시를 내려야 한다.

여기서 상사의 역할이 끝나면 안 된다. 계획을 세워도 계획대로 일하지 않는 것이 말뚝형들의 일하는 방식이기 때문이다. 하나부터 열까지 그리고 단계별로 철저하게 점검해야 한다. 마치 매일 숙제검사 하듯 말이다.

어떻게든
되겠죠?

말뚝형들은 일을 미루는 경향이 강하다. 상사가 챙기고 채근하기 전에는 먼저 일을 처리하는 법이 없다. 말뚝형들이 이렇게 행동하

는 이유에 대해서는 두 가지 해석이 가능하다. 첫 번째는 워낙 성격이 느긋해서 일을 빨리 처리해야 한다는 생각조차 없는 경우다. 일이란 때가 되면 자연스럽게 되는 것이라는 생각 그리고 '내가 안 하면 다른 사람이 하겠지'라는 생각이 머릿속에 자리 잡고 있는 것이다. 두 번째는 하기 싫고 귀찮기 때문일 수 있다. 원하지 않는 일을 해야만 할 때 기분 좋게 할 수야 없겠지만, 말뚝형들은 그 정도가 심해 수동공격적 행동으로 나타나기도 한다. 상사의 지시에 일종의 저항을 하는 것인데, 마치 뒤통수를 치는 것과 같은 행태다. 이때 대표적으로 나타나는 행동은 이런 것이다.

· 시간을 끌면서 해야 할 일을 미뤄 마감시간을 지키지 않는다.
· 깜빡 잊었다고 하면서 의무를 회피한다.
· 원하지 않는 일을 시키면 시무룩해하거나 화를 낸다.
· 부당한 지시, 요구라며 항의한다.
· 일을 천천히 하거나 건성으로 한다.
· 자기가 맡은 몫을 하지 않아서 다른 사람들에게 피해를 준다.

의도적이라는 표현이 다소 과할 수는 있으나, 말뚝형들은 상사의 지시에 정면으로 반박하지 않고, 회피 등 우회적인 방법으로 대응하는 경우가 많다.

상사가 한두 번 이런 일을 경험하게 되면, 해당 직원을 크게 혼내고 그에게 재발방지를 약속받는다. 하지만 알겠다는 이야기는 그 순간에만 그칠 뿐, 직원의 행동에는 크게 변화가 없고 이로 인해 관계는 경색되고 만다.

말을 해도 안 듣는 이 얄미운 부하직원을 대체 상사는 어떻게 대해야 좋을까?

업무목록, 일정표부터
만든다

상사가 말뚝형에게 '지시-순응'을 강요해서는 효과를 얻기 어렵다. 상사의 위치를 이용해서 밀어붙이기만 한다면 직원은 더 삐뚤어지거나 조직에서 이탈할 수도 있다.

말뚝형에게는 권위를 내려놓지는 않되, 마치 목표를 향해 함께 뛰는 러닝메이트Running Mate 같은 상사의 역할이 필요하다. 무엇을 해야 하는지 업무목록을 함께 정리하고, 업무처리의 방향과 결과물에 대해 공감대를 형성하면서, 상세한 일정표를 세우는 것이 그 출발점이다.

좀 더 구체적인 내용을 미국 풋볼계의 명장으로 꼽히는 보 스켐베클러Bo Schembechler 감독으로부터 배워보자. 보 스켐베클러 감독은 하위권에 머물던 미시간대학교 풋볼팀을 20여 년간 지휘하면서 정상에 올려놓은 전설적인 인물이다. 그는 선수와 함께 뛰는 리더십 스타일로 유명했다. 특히 그는 선수들에게 일방적으로 목표를 내려주는 것이 아니라, 선수들과 함께 목표를 세우고 그것을 이루어내려면 서로가 무엇을 해야 하는지 고민했다. 그리고 구체적인 내용을 작성해서 한 장은 본인이, 다른 한 장은 선수가 간직하도록 했다.

목표가 정해진 다음에는 혹독한 훈련을 시켰고, 선수들도 매일 매일 목표를 생각하며 훈련에 임했다. 훈련을 하는 데 누구도 예외란 없었으며, 훈련이 실전과 똑같이 진행되었기 때문에 언제나 긴장감이 흘렀다고 한다. 감독의 이런 리더십 덕분에 패배의식에 젖어있고 수동적이던 선수들이 스스로 움직이기 시작했고, 결국 미시간대학교 풋볼팀은 기적을 만들어낼 수 있었다.

상사가 굳이 이렇게까지 해야 하는지 의문이 들 수도 있다. 성과주의시대에 부하직원이 역량을 제대로 발휘하지 못하면 자연스레 도태되는 것이 마땅하다고 생각할 수도 있을 것이다. 그러나 말뚝형들에게 무한한 잠재력이 있다면 어떻겠는가. 아직 그들에게 발전 가능성조차 없다고 속단하기는 이르다. 그들은 무엇부터 해야 할지 몰라 그저 우왕좌왕하고 있을지도 모른다. 상사가 직원에게 한 발 더 다가가 고충을 듣고 함께 고민하는 모습을 보여주자.

일하는 방법을
가르쳐라

얼마 전 커리어에서 '가장 따르고 싶은 직장상사는 누구인가?'라는 질문으로 설문조사를 실시한 결과, 응답자의 45퍼센트가 '일하는 방법(노하우)을 가르쳐주는 상사'라고 답했다고 한다. 많은 직장인들이 상사의 친절한 가르침을 원하는 것으로 해석할 수 있다.

인재는 타고나는 것이 아니라 만들어진다는 말이 있다. 가르침과 배움 없이 인재가 만들어지기 어렵다는 의미다. 하지만 어떤 상사는 자기 밑에 능력 있는 사람이 너무 적다고 푸념하며 아무것도 하려 들지 않는다. 인재가 부족하다고 불평하기 전에 일하는 방법을 가르쳐주는 상사가 될 필요가 있다.

특히, 상사가 말뚝형들에게 일하는 방법을 가르쳐주지도 않고 못한다고 다그치기만 하면, 그들에게 변화와 발전은 결코 일어나지 않는다. 코칭을 통한 육성이 그 누구보다 절실한 부류가 바로 말뚝형인 것이다.

일을 가르치려면 우선 그들에게 일의 필요성을 이해시켜야 한다. '무조건 하라'는 식으로 지시한다면, 부하직원은 왜 그 일이 필요한지 의문을 갖게 될 것이다. 일의 목적이 무엇이며, 그것이 조직의 성과에 어떤 영향을 미치는지, 이 일을 하면서 얼마나 성장할 수 있을지, 상세히 알려줄 필요가 있다. 일의 필요성을 이해시킨 다음에는 방법을 가르쳐야 한다. 그들이 일의 필요성을 이해했다고 해도 구체적인 작업절차를 모른다면 움직이지 못할 것이다. 예를 들어가면서 일하는 순서와 방법을 하나부터 열까지 자세히 가르쳐주는 것이 좋다.

상사가 일하는 방법을 가르쳐주면 이들은 업무수행을 통해 무언가 배우고 있고, 자신이 성장하고 있다는 느낌을 받게 될 것이다. 이런 과정들이 쌓이면 말뚝형들은 점차 일에 자신감을 갖게 된다.

귀찮을 정도로
점검하라

말뚝형에게는 누구보다 상사의 관심과 세심한 관리가 필요하다. 요즘같이 변화와 혁신이 중요한 시대에 관리형 리더십의 필요성을 이야기하는 것이 어떻게 보면 이상하게 들릴 수도 있다. 그러나 조직 전체를 이끌어가는 리더십과, 일하는 스타일이 서로 다른 직원들을 이끌어가는 리더십은 분명 다르다.

물론 일하는 스타일이 쉽게 변하지는 않는다. 행여 스타일이 변하더라도 노력을 성과로 이어지게 하는 것 또한 쉽지 않다. 상사가 말뚝형과 함께 업무계획을 세우고 일하는 방법을 코칭해주더라도 이것이 실질적인 변화로 이어지는 데는 정말 많은 노력이 필요하다. 그들에게는 주도성과 실행력이 부족하다는 엄연한 한계가 있기 때문이다.

방법은 잦은 점검뿐이다. 무엇을 하고 있고 어디까지 했는지, 그들이 귀찮을 정도로 점검해야 한다. 일하다가 모르면 뭉개고 있는 것이 말뚝형들의 특징인 만큼, 어려운 점은 없는지 궁금한 것은 없는지 캐묻는 것이 중요하다. '필요하면 알아서 찾아오겠지'라는 생각은 금물이다. 스타일을 서로 맞출 때까지는 먼저 그들을 찾거나, 아예 날짜를 정해놓고 주기적으로 점검회의를 갖는 것도 좋은 방법이다.

명심하자. 그들의 머릿속에 '목표', '일정'이라는 개념이 완전히 자리 잡기 전까지는 노력을 멈춰선 안 된다.

말뚝형을 다루는 **리딩 포인트**

- 직원이 맡아서 해야 하는 일의 종류를 명확하게 주지시킨다.
- 일을 끝내야 하는 기한을 알려주고, 일정표를 작성하도록 시킨다.
- 처음에는 업무프로세스부터 하는 방법까지 세세하게 가르쳐줘야 한다.
- 일의 진척도를 자주 점검하라. 그들이 스스로 자기 일정을 책임질 수 있을 때까지, 주기적으로 회의를 하면서 하나하나 체크해주는 것도 좋다.

SELF TEST

내 업무스타일이 무계획 **말뚝형?**

☐ 느긋한 편이어서 누가 재촉하지 않으면 일의 속도가 잘 붙지 않는다.

☐ 먼저 아이디어를 제시하거나, 일을 이끌어가는 법이 없다.

☐ 일을 몰아서 하는 편이다.

☐ 다른 사람에게 싫은 소리 하지 않고 모난 성격이 아니기 때문에 대인관계 갈등이 적다.

☐ 누가 지시하기 전에 먼저 움직이지 않는다.

☐ 간혹 마감기한이 언제인지 잊어버려서 낭패를 보곤 한다.

▶▶ 언제까지 고민만 하실 건가요?

위의 항목 중 3가지 이상 해당되는 분들은 말뚝형의 기질을 갖고 있는 것이다. 말뚝형들은 수동적이어서 남들보다 한 보 앞서나가는 경우가 절대 없다. 자신이 먼저 나서서 회의를 주도하거나 아이디어를 내는 경우도 극히 드물다. 일이 생기면 누군가 나서서 해결해주기를 원하고 남의 뒤에 숨는 경향이 있다. 이런 모습이 상사의 눈에는 복지부동으로 보이기도 한다.

상사가 일을 시키면 "예, 알겠습니다", "다음 주까지 정리해서 말씀드리겠습니다"라는 식으로 대답하는 것이 아니라, 자주 "고민해보겠습니다"라고 답하는 것도 말뚝형의 특징이다. 하겠다는 것인지, 안 하겠다는 것인지 통 알 수 없게 만드는 것이다.

지나치게 신중한 말뚝형은 행동형이라기보다 사고형에 가깝다. 생각이 정리되고 어떻게 해야겠다는 확신이 서야 움직이는 것이 말뚝형들의 일하는 방식인 셈이다.

대책 없이 나서서 일을 벌이거나, 생각 없이 사고치는 직원들보다야 상사 속을 덜 썩이겠지만. 그래도 곰보다 여우가 낫다는 말도 있지 않던가? 나대면서 방정은 떨지 않더라도, 좀 더 적극적으로 나서서 팀워크를 발휘해주기를 바라는 것이 세상 모든 상사의 한결된 바람이라는 사실을 잊지 말자.

독설이 나의 힘
까칠 대마왕, **나 잘난형** 4

"최 대리, 이번에 탁 대리가 신사업 추진계획 짜는 거 있잖아. 최 대리가 그 작업을 좀 지원해줘야겠어."

강 부장이 꺼낸 한마디에 최 대리는 발끈하며 대답했다.

"네? 그 일은 탁 대리가 저보다 훨씬 많이 알잖아요."

"그야 그렇지. 그러니까 자네가 지원을 해달라는 거잖아. 마감까지 시일이 너무 촉박해서 그래."

"전 싫어요. 제 업무도 아닌데, 왜 제가 그 일을 해야 하죠?"

강 부장은 어이없다는 듯이 최 대리를 쳐다보았다. 탁 대리나 이 대리와는 같이 일한 지 오래됐지만, 최 대리는 입사한 지도 얼마 안 됐고 주로 박 차장과 일을 하는 편이라 자신이 직접 업무지시를 내린 것이 몇 번 안 되었던 것이다. 그런데 감히 부장인 자신에게 눈을 치켜뜨며 지시를 거부하겠다니, 강 부장은 황당하기 짝이 없었다.

"지금 안 하겠다고 한 건가?"

"네, 안 합니다. 그 신사업 벌써부터 망할 거라는 소문이 파다해요. 솔직히 사장님

빼고 그 사업이 망할 거라는 건 누구나 다 아는 사실 아닌가요? 이 일은 부장님이나 상무님, 이사님 선에서 말리셨어야 했어요. 트렌드가 지나도 한참 지난 사업을 다시 꺼내다니요. 진짜 우리 회사는 구제불능이에요. 사장님 말 한마디에 모두가 전전긍긍. 아무튼 성과 없을 게 빤한 그런 일에 제 경력을 망칠 순 없어요. 게다가 지금 제 업무도 과부하상태라고요."

틀린 얘기는 아니었지만, 강 부장은 최 대리 얼굴을 한 대 때리고 싶은 충동을 느꼈다. "그래. 너 잘났다, 잘났어"라는 말이 목구멍까지 차오르는 걸 간신히 억누르는 강 부장이었다.

다소 비판적인 시각을 가지고 있으면서 언변이 뛰어난 직원들이 있다. 바로 '나 잘난형'을 두고 하는 말이다. 큰 이상이 없이 무난하게 보이는 보고서도 이들 눈에는 허점투성이로 비춰지곤 한다. 그래서 이들은 때로 상사가 놓칠 수 있는 부분까지 짚어낸다. 모르면 지적도 못하는 법. 기본적으로 아는 것이 많고 논리에 강해야 지적이나 비판도 가능한 것이기에, 이들이 똑똑하다는 점만큼은 확실하다.

한편 나 잘난형들은 회사 내 정보 및 가십Gossip의 중심에 서 있기도 하다. 온갖 소문을 섭렵하고 있을 뿐만 아니라, 적극적인 전파자 역할도 한다. 남의 이야기에 독설이라는 양념을 가미해 흥미를 불어넣는다. 흥미진진한 이야기를 듣고자 점심시간에나 회식자리에는 그의 주변에 사람들이 넘쳐난다.

이렇게 된 것은
모두 네 탓이오

나 잘난형을 한마디로 표현하면 '까칠하다.' 이런 직원을 부하로 두고 일하는 것이 쉽지는 않다. 말 한마디 잘못 내뱉었다가는 이들의 반박에 진땀을 뺄 수도 있다. 그 자리를 무사히 넘겼다 하더라도 나 잘난형 직원들은 상사에 대해 '실력이 없다', '리더의 자질이 부족하다'는 이야기를 다른 직원들에게 하고 다닐지 모른다.

나 잘난형 직원들이 이렇게 행동하는 이유 그리고 상사와 갈등을 빚는 이유는 스스로를 과대평가하고 '내 탓보다는 네 탓'을 하는 경향이 강하기 때문이다. 무슨 일이 발생했을 때 어떤 사람들은 그것을 내 탓이라고 하는 반면, 어떤 사람들은 네 탓이라고 한다. 당연히 내 탓이라고 하는 사람들은 일의 결과에 대해 스스로 책임을 지려 하고, 문제를 극복하기 위해 적극적으로 행동에 나서려는 경향이 강하다. 그러나 네 탓이라고 말하는 사람들은 일의 결과를 내가 아닌 다른 사람 또는 상황 때문이라고 간주하고 다소 비판적이며 수동적인 행동을 보인다. 이렇게 해야 내가 받는 스트레스가 줄어들기 때문이다.

자신은 남 탓을 안 하는 편이라고 생각하는 사람이 많다. 과연 그럴까?

내 탓을 하는 사람들을 '내부 통제형'이라고 부른다. 좋든 나쁘든 모든 일의 결과가 내 행동으로부터 초래되었고, 그렇기에 책임도 내가 져야 한다고 생각하는 경향이 강한 이들이다. 반면 네 탓을 하는 사람들은 '외부 통제형'이다. 이들은 결과가 좋지 않을 때, 내가 아닌 다른 사람 또는 상황에 원인을 두는 경향이 있다. '조상 탓, 사회 탓' 하는 사람들도 이 유형에 가깝다.

대부분의 사람들이 스스로 어떤 유형에 해당하는지 알지 못한다. 오히려 함께 일하는 동료나 상사가 여러분의 유형을 더 잘 알 수도 있다. 그들이야말로 일의 결과에 대처하는 여러분의 모습을 곁에서 지켜보는 관찰자들이기 때문이다.

물론 어떤 유형이 더 바람직하다고 단정적으로 말할 수는 없다. 내부 통제형들은 결과에 대해 책임을 지려 하고 더 나은 결과를 만들어내기 위해 스스로 노력하는 자세를 보이지만, 스트레스를 온몸으로 받아내는 경향이 있다. 외부 통제형들은 결과의 원인이 외부에 있다고 생각하기 때문에 크게 스트레스를 받는 편은 아니다. 남의 탓, 여건 탓으로 돌리면 그만이기 때문이다. 다만, 상황을 반전시키거나 실패를 극복하기 위한 노력을 상대적으로 게을리할 수는 있다.

상하관계에 국한시켜 본다면, 당연한 얘기지만 남 탓을 하는 직원보다는 자기 탓을 하는 직원을 상사가 더 선호하기 마련이다. 하지만 스스로를 탓하는 직원은 거의 가뭄에 콩 나듯 존재하는 것이 현실이다. 본인은 아니라고 생각할지 모르지만, 혹시 일에 문제가 생겼을 때 이렇게 말한 적은 없는지 생각해보기 바란다. "제 잘못인가요? 상황이 그렇게 되어버렸는데." "처음부터 안 될 거라고 생각했습니다. 그러니 제 잘못만은 아니죠." "위에서 정확하게 방향을 정해주셨어야죠!" "부장님이 지시한 대로 한 것밖에 제 잘못은 없습니다."

이런 직원들은 자칫 조직의 분위기를 흐려놓기도 한다. 자기 성찰보다는 남에 대한 평가와 비판을 주로 하기 때문이다. 의도하지는 않았지만 결과적으로 직원들 사이의 갈등을 초래하는 경우도 있다. 나 잘난형들이 유포하는 '~카더라'는 식의 이야기가 돌고 돌아, 당사자의 귀에 들어가게 되어 이것이 문제를 일으키는 것이다.

이런 특성을 가진 직원에게 상사가 지나치게 무엇인가를 강요하거나 가르치려 든다면 부작용이 클 수 있다. 오히려 질의응답 형태를 통해 직원들이 자기의 주장 및 생각을 가지게 만들고, 그것을 행동으로 옮기게 만드는 것이 중요하다.

이들에게 에너지 자체가 없는 것이 아니기 때문에, 자신의 에너지를 보다 생산적이고 긍정적인 것에 쏟아부을 수 있도록 만들어줄 필요도 있다. 나아가 직원이 비판의 대상으로 삼던 리더의 역할을 그 직원에게 맡겨보는 것도 좋다. 스스로 경험하게 하고 어려움을 느끼게 하는 것만큼 큰 깨달음을 주는 방법은 없는 법이다.

말싸움에서
절대로 지지 않는다

언변이 뛰어나기로 유명한 것이 나 잘난형이다. 이들은 말싸움에서 결코 지는 법이 없어서, '일을 입으로 한다'는 비아냥을 듣기도 한다. 기본적으로 나 잘난형들에게는 자신감이 있어서, 자신을 다른 사람보다 우월하다고 여기는 경향이 있다. 남의 성과를 볼 때마다 '내가 하면 이것보다는 더 잘할 수 있을 텐데'라는 아니꼬운 생각을 하는 것도 이들이다.

자신감이 지나치면 자연히 독이 된다. 직장생활에서도, 자기 성장 면에서도 자신감이나 우월감은 상당히 중요한 요소 중 하나이지만, 정도가 지나치면 자신은 물론 주변사람들에게도 해를 끼칠 수 있다. 자신감이 지나친 이들을 꼽아보면 다음과 같은 특징을 갖고 있다.

· 상사, 동료가 평가하는 것보다 스스로를 더 능력 있는 사람으로 생각한다.
· 실제 성과보다 더 많은 보상을 원한다.
· 직무만족도가 낮고, 이직하려는 경향도 강하다.
· 자신의 능력을 인정받기 위해서 비윤리적인 행동을 하기도 한다.
· 보통의 직원들보다 상사, 동료와 더 많은 갈등을 겪는다.
· 자기중심적인 성향이 강하다.

특히, 자신감이나 우월감이 높은 사람일수록 직장에서 쉽게 좌절을 느끼며, 동료들에게 스트레스를 주는 경향이 있다는 연구조사 결과도 있다. 미국 뉴햄프셔대학교의 폴 하비Paul Harvey 교수팀이 직장인 200여 명을 대상으로 연구한 결과, "자신감이나 우월감이 높은 직원들은 자신의 능력, 조직에 대한 기여도를 상대적으로 높게 평가하고 더 많은 보상을 기대하지만, 그것이 충족되지 못할 때 더 쉽게 좌절하는 경향이 있다"고 밝혔다. 더불어 "이런 직원들이 좌절감에 빠지면 동료들에게 모욕감을 주거나 나쁜 소문을 퍼뜨리는 경향이 있다"고 주장했다. 좌절이 타인에 대한 공격 성향으로 나타나는 것이다.

실제로 그렇다. 나 잘난형들은 보통 직설화법을 구사하기 때문에, 툭하면 동료와 싸우거나 타인에게 불필요한 오해를 사기도 한다. 말싸움에서 지지 않는 만큼, 상사와 큰 갈등을 빚기도 한다.

자신감이 강하면 스스로를 과대평가하기 마련이다. 상사나 조직이 자신의 능력을 알아주지 않고 그에 맞는 대우를 해주지 않는다고 느끼면, 쉽게 실망하면서 조직을 이탈하기도 한다. 조직이나 업무에 대한 만족도도 상대적으로 낮은 것이 이들의 특징 중 하나다.

나 잘난형 직원에게는 스스로를 절제하는 방법 그리고 주변사람들과의 마찰을 최소화하면서 자신의 주장과 의견을 표현하는 방법을 깨우치도록 만드는 것이 중요하다. 상사의 리딩포인트도 여기에 맞춰져야 한다.

지시보다는
문답법을 활용하라

상사의 명확한 지시를 선호하는 직원들도 있지만, 나 잘난형 직원들은 조금 다르다. '지시-순응'을 강요한다고 해서 듣지도 않을 뿐더러 오히려 크게 반발할 수 있다.

특히, 상사가 권위주의적이거나 지시 위주의 리더십을 발휘하면 이들과 크게 충돌할 수 있다. 상사의 일방적인 지시나 강압에 불평과 불만을 직접적으로 드러내는 경우도 많다. 이들은 자신의 생각과 의견을 분명하게 가지고 있기 때문이다. '저도 경력이 있고, 생각이 있습니다'라고 생각하는 편이다.

이런 유형의 직원과는 문답법을 활용하여 일을 처리해나가고 문제의 해답을 찾아가는 것이 더 효과적이다. 상사가 방향과 해법을 일방적으로 제시할 것이 아니라, 직원의 의견을 물어보고 왜 그렇게 생각하는지 그 이유를 따져보면서 나아갈 방향을 설정할 필요가 있다.

나 잘난형들은 상사가 귀를 열고 경청하는 것만으로도 자신의 존재감을 인정받고 있다고 생각한다. 그리고 상사가 자신의 의견을 존중하고 반영하려 한다는 생각에 동기부여가 이루어질 수도 있다.

하지만 상사 입장에서 한 가지 주의할 점이 있다. 문답법을 활용한다고 해도, 이들을 가르치려 든다면 역효과가 더 클 수도 있다. 물론 잘못된 부분은 바로잡아줘야 하고, 정답이라고 생각하는 것은 직원의 눈치를 보지 않고 추진하는 것이 바람직하다. 하지만 이런 확실한 경우가 아닌 많은 경우에, 스스로 잘났다고 생각하는 직원을 자꾸만 가르치려 든다면 오히려 이들은 상사를 귀찮은 존재로 여기고 멀리할 수도 있다.

여러 가지 가능성이 열려 있거나 많은 아이디어가 필요한 일의 경우에는 특히나 문답법을 활용하는 것이 이들과 갈등을 최소화하면서 일할 수 있는 방법이다.

마이너스 에너지를 플러스 에너지로

에너지가 없으면 다른 사람 일에 간섭도 하기 힘든 법이다. 나 잘난형들에게는 기본적으로 에너지가 많다. 이들도 "왜 그렇게 불평불만이 많아?"라고 물으면 "관심과 에너지가 있으니 비판도 하고 훈수도 두는 것"이라고 항변한다.

에너지가 있는 것은 좋은데, 이 유형들이 가진 에너지는 지나치게 마이너스에 가까운 게 문제다. 남의 일을 비판만 하고 상사나 조직에 불평불만이 많으니, 다른 사람에게는 그가 가진 에너지가 긍정적인 에너지보다 부정적인 에너지로 비친다. 상사가 이러한 점을 지적하고, "바뀌어야 한다"라고 쓴소리를 해봐야 소용이 없다. 상사가 직접 나서서 이들이 가진 에너지를 보다 건설적이고 긍정적인 방향으로 이끌어주지 않으면 안 된다.

그 일환으로 나 잘난형 직원들이 가진 에너지를 활용해 그들만의 '퍼스널브랜드 Personal Brand'를 구축시켜주는 것도 좋은 방법이다. 제품마다 브랜드가 있듯이 개인에게도 고유한 퍼스널브랜드를 만들어줄 수 있다. 이것은 개인이 가지고 있는 재능이나 전문적인 능력,

이미지의 총체로 남과 나를 구별시켜주는 핵심가치를 의미한다.

최근 직장인들 중에도 자신의 독특한 이미지로 퍼스널브랜드를 구축하고 있는 사람들이 적지 않다. 예를 들어, 모기업의 사내교육 담당자인 K과장은 기타치고 노래하는 끼 많은 강사로 통한다. K과장은 교육의 핵심메시지는 짧고 강하게 전달하되, 이를 설명하는 내용을 유행가 가사를 개사하여 노래로 청중들에게 전달하는 획기적인 방식을 개척했다. 교육생들은 "교육은 지루하다는 통념을 깨버렸다", "교육내용이 귀에 쏙쏙 들어온다"라며 뜨거운 반응을 보이고 있다. 이 밖에도 '프레젠테이션의 달인, 탁 대리', '감성마케팅의 귀재, 강 부장' 등 얼마든지 자신만의 성공적인 퍼스널브랜드를 만들어낼 수 있다.

퍼스널브랜드 구축은 자신의 적성과 능력, 지금까지의 경력 등을 분석하여 나만의 색깔을 찾는 것에서 시작된다. 누구나 강점과 약점을 동시에 가지고 있다. 기획능력은 뛰어나지만 관리능력이 부족할 수 있고, 업무능력은 탁월하지만 외국어실력이 떨어질 수도 있다. 그러나 약점을 보완하는 데 주력하면 강점을 효과적으로 활용하는 데 소홀할 수 있다. 부족한 부분을 개선하기보다는 강점에 집중하여 자기만의 색깔을 내는 것이 퍼스널브랜드를 구축하는 데 유리하다.

나 잘난형들도 저마다 가진 장점들이 뚜렷하다. 표현하는 방식이 다른 사람들 눈에 거슬리고 까칠하게 보일 뿐이다. 문제의식, 논리적 사고력에 말 재주까지 있다면, 그가 가진 적성과 전문성을 고려하여 퍼스널브랜드를 구축하도록 유도할 수 있다. 상사가 대략의 밑그림을 그리고, 직원과 함께 브랜드이미지를 고민하여 목표를 설정한 뒤 지속적으로 노력을 기울인다면, 상당한 효과를 거둘 수 있을 것이라 장담한다. 혹시 모른다. 미운 오리 새끼가 화려한 백조가 될 수도.

역지사지,
리더역할을 맡겨라

"말만 하지 말고, 잘난 척만 하지 말고, 직접 해봐!"

　내가 한 일이 아니고 책임질 일이 아니면 쉽게 비판하고 평가도 하는 법이다. 이럴 때 꺼낼 수 있는 카드가 바로 역지사지易地思之다. 단순히 상대의 입장에서 생각해보라고 요구하는 것에서 그쳐서는 안 된다. 보다 효과적인 방법은 직접 그 일을 맡겨 많은 것을 깨닫게 만드는 것이다.

　이렇게 하면 두 가지 효과를 거둘 수 있다. 상대의 고충을 이해하게 만드는 것이 첫 번째 효과다. 왜 동료가 그렇게 일을 처리할 수밖에 없었는지 그리고 일을 처리하면서 가장 어려운 부분이 무엇인지 체득하게 만들어야 보다 건설적인 비판도 가능하다. 두 번째는 일의 내용과 리더역할에 대한 학습이다. 경험하지 못하면 성장도 어렵듯이, 옆에서 훈수만 두지 말고 직접 일을 하게 해서 배울 수 있도록 만들어야 한다.

특히, 리더역할을 직접 맡겨 보는 것이 중요하다. 주어진 일을 하는 것과 실제 책임을 지고 일을 리드하는 것과는 상당히 다르다. 리더십과 같은 또 다른 역량들이 필요하기 때문이다.

요즘 같은 시대에 상사의 자리를 지키는 것이 결코 만만한 일은 아니다. 위로부터는 끊임없이 실적압박을 받고, 부하직원들로부터는 시종일관 경계와 평가의 대상이 된다. 부하직원과 갈등이라도 겪게 되는 날이면, 그것이 리더십문제로까지 비화되어 곤욕을 치르기도 한다.

이런 리더의 고충과 문제는 실제로 경험해보지 않고서는 깨닫기 어렵다. 뒤늦게 본인이 리더의 자리에 올랐을 때에야 비로소 '아, 그때 그래서 팀장님이 그렇게 하셨던 거였구나. 지금 생각하니 좀 죄송하네'라는 생각을 갖게 되는 이들이 정말 많다. 때문에 조금 일찍 리더의 자리를 경험해보고 '그럴 수밖에 없는 이유'를 충분히 공감하게 만들어야 한다. 말로만 해서는 어림도 없다.

나 잘난형을 다루는 **리딩 포인트**

- 일방적으로 지시하기보다는 서로의 의견을 교환해가면서 부하직원의 생각이 반영될 수 있는 방법을 찾는다.
- 자신감이 강한 직원에게 자꾸 가르치려 하면 오히려 역효과가 클 수 있다. 적절한 권한위임도 필요하다.
- 단점을 보완하기보다는 강점을 잘 살릴 수 있는 분야의 일을 시켜라. 그들만의 개성을 살려 퍼스널브랜드를 구축할 수 있도록 격려하고 지도하라.
- 다른 사람의 입장을 이해하도록 훈련시키고, 때로는 상대방의 일이나 리더의 역할을 직접 맡겨본다.

내 업무스타일이 까칠한 **나 잘난형**?

□ 상사나 동료의 허물도 서슴없이 지적하곤 해서, 스스로를 직언할 줄 아는 좋은 부하이자 동료라고 생각한다.

□ 나서는 것을 좋아하지는 않으며, 문제가 생기면 팔짱 끼고 지적하기를 좋아한다.

□ 말은 논리적으로 잘하지만, 보고서에 그것을 그대로 담는 데는 능숙하지 못하다.

□ 주변평가에 비해 스스로를 과대평가하는 경향이 있다.

□ 자신에 대한 이야기는 잘 꺼내지 않으면서 남의 이야기를 많이 한다.

□ 회사의 시스템이나 상사들에게 불만이 많다.

▶▶ 마음에 드는 게 하나도 없다고요?

위의 항목에 3가지 이상 해당되는 분들은 미안하지만 나 잘난형일 확률이 높다. 물론 지나치게 낙관적이거나 조직에 순응하면서 사는 것도 바람직하지는 않다. 문제의식이 있어야 개선해야 하는 점들도 보이고, 변화와 혁신도 이끌어낼 수 있을 테니까.

하지만 나 잘난형들은 그 정도가 다소 지나쳐 '불평불만분자'로 비춰지기도 한다. 상사가 일을 지시하면 고분고분 대답하는 법이 없다. "왜 제가 해야 하죠?", "그렇게 해야 할 이유가 있습니까?"라고 까칠하게 대응하기 일쑤다. 게다가 다른 사람이 한 일이라면 우선 비판의 잣대부터 들이대는 경향이 있다. 자신의 생각과 다르거나 약간의 허점이라도 보이면 적극적으로 공세를 펼친다. 조직에 대해서도 냉소적인 태도를 보인다. '우리 회사가 그렇지 뭐'라는 식이다.

그렇다면 이들이 그렇게 독설을 거침없이 내뱉고, 불평불만을 자주 드러내는 이유가 무엇일까? 우선 일의 과정이나 결과가 자신의 기준에 부합하지 않기 때문일 수 있다. 자신의 기대수준은 100인데 남이 한 결과가 90정도밖에 안 되거나, A라는 결과를 기대했는데 B라는 결과가 나왔을 때 불평불만을 쏟아내는 것이다. 또 다른 해석도 가능하다. 무의식 속에 자신의 존재감 또는 지식을 드러내기 위해 다른 사람의 의견을 비판하는 것일 수도 있다. 마치 '이런 것도 생각해보지 않았냐?'라고 따지는 식이다. 아는 것이 있어야 비판도, 불평불만도 가능한 것이니까.

이런 직원이 상사 입장에서는 달가울 리 없다. 아무리 능력이 뛰어나다고 하더라도 상사의 머릿속에는 우수직원보다 불량직원으로 분류될 가능성이 크다.

얼마 전 온라인 취업정보업체 잡코리아(www.jobkorea.co.kr)가 기업의 인사담당자들을 대상으로 우수직원과 불량직원 유형을 조사한 결과도 이를 뒷받침한다. 응답자들은 우수직원의 유형으로 '업무성과가 좋은 능력파(55퍼센트)', '업무성과가 다소 뒤처지더라도 한결같은 성실파(24퍼센트)'를 주로 꼽았다. 반면 불량직원으로는 무능한 직원이 아닌 '입만 열면 불평과 불만을 늘어놓는 직원(50퍼센트)'을 1위로 꼽았다. 능력이 없는 것보다 불평불만을 늘어놓는 것이 조직분위기나 성과에 더 크게 악영향을 미치기 때문이라는 것이다.

자신의 능력을 철석같이 믿고 있는 여러분이여. 자신의 입에서 좋은 소리보다 나쁜 소리가 훨씬 많이 나왔던 건 아닌지 생각해보길 바란다. 아무리 능력이 좋아도 부정적인 기운을 쫙쫙 뿜어내는 사람은 어느 조직에서나 함께하고 싶지 않은 직원 1순위이기 때문이다.

4장

동상이몽,
동료의 심리

동료와의 관계가 일그러지는 근본적인 이유는 성격차이에서 비롯되는 경우가 많다. 연인관계도 그렇듯 동료관계도 처음에는 동질감과 호감으로 시작하지만, 함께하는 시간이 많아질수록 '나와 다른 너' 때문에 실망하고 상처받기 쉽다.

동료를 평가의 시각으로 바라보는 것과 이해의 시각으로 바라보는 데는 상당히 큰 차이가 있다. 평가는 '판단'을 내포하고 있기 때문에, '좋다', '나쁘다', '일 잘한다', '일 못한다' 등의 결론으로 귀결되지만, 이해는 동료와의 조화를 위해 특성을 '파악'하는 것일 뿐이므로 어떤 결론도 도출하지 않는다.

평가가 위험한 것은 한번 내려진 평가가 인간관계를 형성하는 데 무의식적으로 선입견처럼 작용할 수 있기 때문이다. 더 심각한 것은 서로가 평가의 잣대로 접근하면 자신의 속마음을 들키고 싶지 않아 숨어버리거나 대화를 단절시킨다는 점이다. 동료관계가 헛돌 수 있는 것이다.

동료를 이해하려 하고 서로에게 맞춰가는 것이 동료애이며, 상호 윈윈win-win할 수 있는 방법이다. 중국 전국시대에 명성을 떨쳤던 사상가인 귀곡자鬼谷子도 "성공을 위해서는 함께할 사람의 마음을 얻는 것, 즉 내건內揵이 중요하다"라고 말했다. 내건은 '함께 일하는 사람의 마음 안으로 들어가 빗장을 채우듯이 잠근다'는 의미인데, 이는 상대방과의 조화와 어울림을 통해 가능한 일이다.

한편 직장동료와 잘 지내는 것은 스트레스를 줄이고 건강을 지키는 길이기도 하다. 이스라엘 텔아비브대학교의 아리에 시롬Arie Shirom 교수가 직장인 820명을 대상으로 20년간의 의료기록을 조사하고 직장만족도, 직장에서의 권한, 동료와의 관계 등에 대해 설문조사를 벌인 결과, 직장에서 동료들과 잘 지내는 사람이 그렇지 않은 사람보다 더 오래 산다는 사실을 밝혀냈다. 시롬 교수는 "동료의 우호적인 태도 및 동료와의 원만한 관계형성 여부가 직장인 사망위험의 잠재요인이 될 수 있다"라고 주장했다.

직장동료와의 관계에서 불평불만이 없을 수는 없다. 최 대리의 기분 나쁜 말투, 이 대리의 불성실한 태도, 박 차장의 기대에 못 미치는 능력 등 불평불만을 가질 만한 요소는 너무나 많다. 그러나 불평 자체가 문제를 해결하지는 못한다. 오히려 동료들과 어울림의 지혜를 발휘해보는 것이 갈등을 줄이고 동반 성장할 수 있는 길이다.

어울림은 겉으로 나타나는 언행을 통해 상대의 성격유형을 이해하는 것에서 시작된다. 일반적으로 성격유형은 외향성과 내향성, 업무중심성과 관계중심성에 따라 크게 앞잡이형, 사교형, 현상유지형, 주도면밀형 등 네 가지로 구분할 수 있다.

동료의 '성격스타일' 진단법

동료의 성격과 여러분의 성격을 비교해보자. 먼저, 여러분과 위기관계에 놓인 동료를 생각하며 각 문항에 대해 1~5점까지 점수를 매겨보자. 동일한 방법으로 자기 자신에 대해서도 해보자.

전혀 그렇지 않다: 1점 | 그렇지 않다: 2점 | 보통: 3점 | 그렇다: 4점 | 매우 그렇다: 5점

1. 주도적으로 일을 계획하고 이끌어가는 편이다. ___

2. 여러 사람들과 두루 잘 지낸다. ___

3. 한 가지 일을 차분하게 마무리한다. ___

4. 일 처리가 정확하다. ___

5. 직선적으로 이야기하고 동료와의 언쟁도 회피하지 않는다. ___

6. 대화를 즐기고 표현력이 풍부하다. ___

7. 수동적으로 일하는 편이다. ___

8. 분석적이고 논리적이다. ___

9. 새로운 일, 새로운 방식을 추구한다. ___

10. 힘든 상황에서도 낙천적이라는 평을 듣는다. ___

11. 느긋한 편이다. ___

12. 꼼꼼하게 세부적인 것을 챙긴다. ___

13. 지배하려는 욕구가 강하다. ___

14. 설득을 잘 시킨다. ___

15. 조직이나 상사에게 충성스럽다. ___

16. 신중하고 진지하다. ___

각 문항의 점수를 아래 해당하는 빈칸에 쓰고, 각 타입별로 총점을 구한다. 가장 높은 점수가 나온 타입이 동료의 성격을 가리킨다. 동료의 성격과 여러분의 성격을 타입별 점수 차이로 비교해보면 어떤 부분에서 갈등을 빚고 있는지 알 수 있다.

1번	5번	9번	13번	총점	A타입
점	점	점	점	점	

2번	6번	10번	14번	총점	B타입
점	점	점	점	점	

3번	7번	11번	15번	총점	C타입
점	점	점	점	점	

4번	8번	12번	16번	총점	D타입
점	점	점	점	점	

이제 구한 총점을 아래의 표에 기입해보자.

총점 \ 타입	A타입 (앞잡이형)	B타입 (사교형)	C타입 (현상유지형)	D타입 (주도면밀형)
동료의 성격	점	점	점	점
자신의 성격	점	점	점	점

타입별 점수를 아래 도표에 점으로 찍어보자. 여러분 동료는 어떤 성격타입에 가까운가? 여러분 자신은?

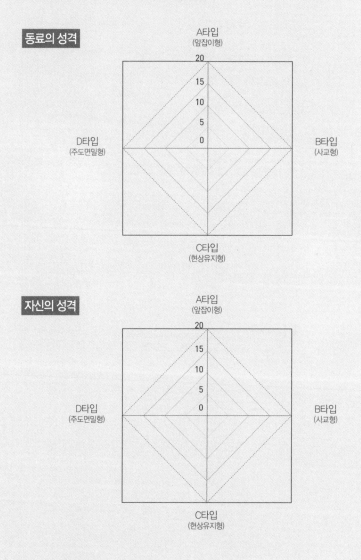

동료의 성격

A타입
(앞잡이형)

20
15
10
5
0

D타입
(주도면밀형)

B타입
(사교형)

C타입
(현상유지형)

자신의 성격

A타입
(앞잡이형)

20
15
10
5
0

D타입
(주도면밀형)

B타입
(사교형)

C타입
(현상유지형)

확인했으면 이제 본격적으로 해법을 찾아보자.

뒤에 서면 답답하다, 앞잡이형

1

"다들 머릿속에 이번 달 목표는 생각하고 있는 거야? 이 달도 절반이나 지났는데 뭣

들 하고 있나?"

아침부터 강 부장의 불호령이 떨어졌다. 몇 달간 매출실적이 바닥을 기자, 강 부장

의 스트레스도 최고조에 올라 있었다.

"요즘 다들 어려운 상황이라 주문 자체가 들어오지 않습니다. 단가 묻는 전화만 옵

니다."

눈치를 보며 박 차장이 겨우 입을 뗐다.

"그래서? 손 놓고 있을 거야? 가만히 있으면 월급 준대? 뭐라도 해야 할 것 아냐!"

회의실에 무거운 침묵이 흘렀다. 정적을 깬 것은 탁 대리였다.

"쉽지는 않겠지만 노력해보겠습니다. 선희 씨는 거래업체목록 작성해주고, 이 대리

는 나랑 업체에 연락해서 주문수량 확인해봅시다. 그리고 곧바로 홍보팀과 매출증

진방안 회의를 해야겠군요. 최 대리는 지금 나와 하고 있는 신사업 추진계획 보고서

좀 마무리해줘요."

강 부장은 만족한 듯한 표정을 지으며 홍 과장에게 미소를 날렸다. 모두 나가고 회의실에 정 과장과 홍 과장만 남게 되자, 정 과장이 물었다.

"홍 과장, 탁 대리가 갑자기 왜 저렇게 살아났어? 마치 입사 초기 때 보는 것 같네. 뭐 아는 것 있나?"

"아, 내가 요즘 탁 대리 압박하는 것 말이야. 그 친구 싹수를 보고 일부러 그러는 거라는 걸 강 부장한테 말했거든. 아마 강 부장이 그걸 탁 대리한테 말한 모양이야. 그랬더니 완전히 기가 산 것 같네. 허허."

"아이고, 어쩌지. 이제부터 다시 탁 대리의 날들이 시작되겠구먼."

회의시간에 제일 먼저 손을 들고 이야기하고, 부서모임에서 제일 앞자리를 차지하며, 상사도 가만히 있는데 나서서 "이렇게 하죠!"라고 결정을 독촉하는 사람. 동료들 중에 유독 앞장서기 좋아하고 주도적인 인물들이 꼭 있다. 일명 앞잡이형 동료인 셈인데, 이들은 일을 계획하고 뚝심 있게 추진하는 스타일이다. 덕분에 '불도저'라는 별칭이 붙기도 한다.

CEO 중에 주도적인 성격의 인물이 많은 것도 같은 맥락으로 이해할 수 있다. CEO들은 자리의 특성상 사업의 포트폴리오를 계획하고, 중요한 순간에 결단을 내리며, 실행을 주도해야 하기 때문에 앞잡이형이 많을 수밖에 없다.

항상 에너지가 넘쳐 새로운 도전거리를 찾고, 상황을 주도하기 원하는 것도 이런 유형의 큰 특징 중 하나다. "나는 아직도 배가 고프다"라고 말했던 히딩크 전 축구 국가대표 감독이나, "나의 사전에 불가능이란 없다"라고 말한 나폴레옹이 이 유형의 대표적인 인물이라 할 수 있다.

이들은 늘 이렇게 생각한다.

'내가 너보다 한 수 위야!' '그래서 결론이 뭐라는 거야?' '이렇게 하면 되는데, 답답하네.' '시시콜콜 간섭 좀 하지 마! 가만히 놔두면 어련히 잘할 텐데.' '만날 하던 대로만 하지 말고, 새로운 것 좀 해봐야 하는 거 아냐? 그러니 발전이 없지!' '끝까지 들어볼 것도 없네.' '언제까지 눈치만 보고 있어? 바로 시작하자. 내가 책임지면 될 거 아냐.'

이외에도 앞잡이형들은 남의 이야기를 끝까지 듣지 않고, 자신의 이야기만 하려고 하는 경향이 있다. 이들은 자신의 의지대로 일이 진행되지 않으면 참지 못하기도 한다. 상사의 지시는 물론 동료의 간섭조차 거부한다. 그런가 하면 부서의 갈등이나 논쟁을 조정, 해결하기도 한다.

일만 벌이는
밉상

앞잡이형들의 또 다른 특징은 에너지가 넘친다는 점이다. 이것이 때로는 상당히 공격적인 형태로 나타나기도 한다. 그래서 자신의 일 이외에도 동료의 일에 일종의 훈수를 두는 경우가 많다. "보고서에 현상분석이 좀 약하지 않나요?", "다른 기업사례도 좀 넣어야 우리와의 차이를 알 수 있지 않을까요?", "개선방안이 지난번에 나왔던 이야기 재탕인 것 같은데…"라는 식으로 동료의 일에 무차별적인 멘트를 쏟아낸다.

앞서 이 대리의 기획안에 대해 '제품에 대한 이해나 충분한 시장분석 없이 기존에 해왔던 구태의연한 방식을 답습하고 있습니다'라고 강 부장에게 피드백을 보냈던 탁 대리를 떠올려보자. 탁 대리는 이 대리와 본인의 친분관계는 전혀 생각지도 않고 일단 비판부터 해대는 전형적인 앞잡이형이다.

동료를 두둔해주지는 못할망정 약점을 파고드는 이들을 보며 결국 보고서작업을 했던 동료들의 얼굴은 일그러지기 시작한다. 처음 보고를 받았을 당시 '이 정도면 고생했네'라고 생각했던 상사도, 이런 지적을 들으니 뭔가 부족하게 느껴진다. 결국 좀 더 보완하라는 지시가 떨어진다.

팀 회의에서도 다양한 일거리들을 쏟아낸다. 이들은 '누군가 하겠지'라는 생각 때문인지 이런 저런 아이디어들을 내놓는다. 리더 입장에서는 앞잡이형의 적극적인 모습에 좋은 점수를 주지만, 동료들의 입장에서는 한마디로 이들이 밉상이다. '사람도 부족하고 매일같이 야근인데, 언제 저 일을 다하지!' 하는 걱정이 앞서고 벌써부터 스트레스가 어깨를 짓누른다. 이들에 대한 원망도 깊어져 아군이라는 생각이 들지 않는다. 마음 같아서는 '아이디어 낸 당신이 다하세요!'라고 소리 지르고 싶을 뿐이다.

각을 세우기 전에
일단 들어보자

함께 일하는 입장에서 이런 동료는 안하무인에 독불장군처럼 보일 수밖에 없다. 그렇다고 무조건 맞설 수는 없는 노릇. 앞잡이형의 생각이 틀렸거나 자신의 생각과 맞지 않을 때는 '2보 전진을 위한 1보 후퇴' 전략을 활용하는 것이 바람직하다.

춘추전국시대 제나라 경공景公과 안영룡룡의 일화를 한번 보자. 성질 급하고 독선적이던 경공은 그가 아끼는 말이 죽자, 불 같이 화를 내며 마구간 지기를 처형할 것을 명한다. 안영은 묵묵히 경공의 명령을 따르는 척하면서 "너의 실수로 어진 임금의 성정을 흐트러뜨리고 백성들로 하여금 잔인한 임금이라는 비판을 듣도록 한 죄가 크다"라고 말하며 처형을 하려 했다. 이 말을 들은 경공이 화를 거두고 처형을 멈추게 했다고 한다.

앞잡이형과 맞불을 놓을 경우 갈등만 깊어질 뿐 상황을 해결하기가 쉽지 않다. 우선 듣자. 물론, 경청에도 단계가 있다. 경영학자 토니 알렉산드라Tony Alessandra의 연구에 따르면, 대화에 대한 집중력과 대인감수성에 따라 경청의 수준을 구분할 수 있다고 한다.

우선 경청의 가장 낮은 단계인 '무의지 청취'는 상대방의 말은 들으려고 하지 않으면서 대화의 대부분 혹은 전부를 자신이 이끌어 나가려는 수준을 말한다. 그 다음 단계인 '소극적 청취'는 상대방의 이야기를 듣기는 하지만 자신이 다음에 말할 내용을 준비하는 것에만 몰두한 나머지, 상대방이 말한 내용의 속뜻은 잘 이해하지 못하는 수준이다. 세 번째 단계는 '분별력 있는 청취'로 비교적 적극적으로 듣기는 하지만 말하는 사람의 감정까지 이해하려는 노력은 기울이지 않는 것을 말한다. 가장 바람직한 경청의 단계는 '적극적 청취'로 상대방의 말을 이해하는 데 있어 강한 집중력과 주의력을 쏟아부으며, 대화내용을 가능한 이성적일 뿐만 아니라 감성적으로도 이해하려고 노력하는 것을 말한다. 즉, 상대방의 관점을 이해하는 데 초점을 맞춘다는 것이다.

앞잡이형과 대화할 때는 적극적 청취를 해야 한다. 대신 충분히 경청하는 모습을 보여준 다음, 반격을 준비할 필요가 있다. 조목조목 자신의 생각을 이야기해야 하는 것이다.

이들에게는 결론부터 간결하게 이야기하는 것이 좋다. 이들은 이야기가 길어지면 말을 끊거나 주의를 다른 곳으로 돌리는 경향이 있기 때문이다. 그리고 감정을 최대한 배제한 채, 사실과 근거를 중심으로 자신의 주장을 펼쳐야 한다. 제대로만 한다면, 아마 앞잡이형이 움찔하는 모습을 보게 될 것이다.

우선순위와
자원배분을 정하라

주도적인 성향의 동료들이 다양한 일들을 하고 싶어하는 것은 주로 확산적 사고를 하기 때문이다. 문제해결을 위해 핵심적인 한두 가지 방안에 초점을 맞추는 것이 아니라 여러 가지 일들을 펼쳐놓고 동시에 하려고 하는 것이다.

　이들의 일하는 방식이 틀렸다고 할 수는 없으나, 동료들의 우려는 가용인력과 시간의 제약이다. 혹여 이들이 쏟아내는 아이디어를 실행에 옮기지 못하게 되면, 상사로부터 '팀원들의 능력이 부족하다', '왜 그리 엄살을 부리는지 모르겠다'라는 질책을 각오해야 할지도 모른다.

　풍부한 자원 속에서 일하는 직장인들이 과연 얼마나 될까? 부족한 인력으로 넘치는 일 속에 파묻혀 사는 것이 우리네의 현실이다. 그렇다면 이렇게 들이대는 앞잡이형에게는 어떻게 대응해야 할까? 확산적 사고를 하는 이들에게는 아마추어처럼 무작정 달려들지 말고 수렴적 사고로 대응하자. 즉, 다양한 방안들을 펼쳐놓되, 긴급성과 중요성을 기준으로 일의 우선순위를 정하고 실행단계를 정리하는 것이다. 중요하면서 긴급한 일을 제일 먼저 처리하고, 긴급성이 떨어지는 일을 후순위로 남겨두면 된다. 물론 긴급성이나 중요성이 현저히 떨어지는 일들은 가지치기를 할 필요도 있다. 이때 중요한 것은 이 모든 과정을 부서의 전체직원들과 소통하면서 진행해야 한다는 점이다. 필요하다면 전체직원들을 설득해야 할 것이다.

　'하기 싫은 일은 있어도, 할 수 없는 일은 없다'고 생각하는 이들이 앞잡이형임을 잊지 말자. 동료들이 논리적인 틀에 입각하여 일의 실행단계를 계획하고, 업무량에 대한 서로의 눈높이를 맞추기만 한다면 이들과의 갈등은 현저히 줄어들 수 있을 것이다.

앞잡이형에게 이러면 100퍼센트 싸운다

- '앞부분은 네가 해'라는 식으로 일방적으로 지시한다.
- '글자체가 다르잖아!', '행간, 자간 똑바로 맞춰' 하며 세세한 부분을 지적한다.
- 대화할 때 말을 더 많이 한다.
- 될 수 있도록 하는 것이 중요한데, 융통성 없이 원칙만 앞세운다.
- 한 가지 일에 너무 오래 매달리게 한다.

미워도 다시 한 번, 관계회복 솔루션

- 듣고 말하고 협의를 통해 공감을 이끌어낸다.
- 일의 방향과 큰 틀을 먼저 논의하고, 세세한 부분은 마지막에 점검한다.
- 일을 펼쳐놓게 한 뒤에 하나씩 정리해나간다.
- 이들이 말할 때는 적극적으로 경청하는 태도를 보인다.
- 결론부터 말하고, 무엇보다 사실 위주로 이야기한다.

SELF TEST

내가 바로 공공의 적, 앞잡이형?

☐ 회의할 때 가장 말을 많이 한다.

☐ 다른 사람이 내놓는 기획안이나 보고서를 보며 부족한 점을 지적해주는 편이다.

☐ 평소 주변에서 아이디어가 많은 사람이라는 얘기를 듣는다.

☐ 실행해보지도 않고 안 된다고 말하는 사람이 한심하다.

☐ 다른 사람이 이야기할 때 딴 생각을 자주 한다.

☐ 보고서의 사소한 오타 하나까지 지적하는 상사가 이해되지 않는다.

▶▶ **혼자서 잘나셨네요, 정말!**

위의 항목 가운데 3가지 이상 해당되는 분들은 자신이 앞잡이형은 아닌지 생각해봐야 한다. 앞잡이형이라고 꼭 나쁜 것은 아니다. 이들은 실행을 중시하는 요즘 조직문화 트렌드에는 적합한 유형일 수 있다. 그러나 때로는 거침없는 이야기를 서슴지 않으며, 독단적으로 행동하고, 앞뒤 계산 없이 일을 벌이기 때문에 동료들의 불만을 사기 일쑤다. 특히, 일을 주도하길 원하므로 자신의 생각이 마치 정답인 양 밀어붙이면서 동료가 자신의 방식대로 일하지 않으면 싸움도 불사하는 싸움닭 스타일이기도 하다는 게 문제다.

앞잡이형들은 엄연히 조직에는 위계라는 것이 있는데도, 마치 자기가 팀장인 양 행동한다. 혼자서 북 치고, 장구 치고 다한다. 동료들 이야기는 귀 담아 듣지도 않는다. 틀린 말도 아니기 때문에 반대할 수는 없지만, 그냥 넘어가자니 울화통이 치민다. '너는 동료들이 장식용 병풍으로 보이니?'라는 말이 절로 나온다.

이러다 보니 앞잡이형들은 다른 동료들과 충돌이 잦고 미움의 대상이 되기도 한다. 잡코리아가 직장인 717명을 대상으로 '직장 내 꼴불견 직장동료 유형'에 관해 설문조사를 실시한 결과에서도 뭐든 자기 마음대로 하려는 '독불장군형'이 35.5퍼센트로 1위를 차지했다. 다음으로는 힘든 일에 쏙 빠지는 '얌체형', 겉으론 천사, 뒤에서는 태도 돌변하는 '지킬앤하이드형', 험담은 물론 사내의 소문을 다 퍼뜨리고 다니는 '확성기형' 등이 그 뒤를 이었다. 결국 앞잡이형은 최악의 동료유형인 셈이다.

본인이 앞잡이형은 아닐까 의심된다면, 한 번쯤 이런 생각을 떠올려보자.

'저들이 나보다 못해서 말하지 않는 것이 아니다.'

그렇다. 저들도 아이디어가 많고 열정도 넘친다. 내가 너무 나서니까 주춤하고 있을 뿐이다. 잠시 말하고 싶은 충동을 참고 동료에게도 기회를 주자. 그리고 그들 이야기에도 귀 기울여보자. '내가 일을 이렇게 잘하는데 왜 평가가 나쁠까' 의아했던 이들이라면, 곧 자신에 대한 달라진 평가에 만족하게 될 것이다.

내가 빠지면 재미없지, 사교형

.

"부장님이 탁 대리가 쓴 신사업 추진계획안 메일로 보내주신 거 봤어? 자네 의견까지 취합해서 오늘까지 내가 피드백 드려야 할 것 같은데."

정 과장은 흠칫 당황했으나, 특유의 사람 좋은 미소를 지으며 대답했다.

"아, 나 아직 못 봤는데. 다른 일들이 원체 많아서 말이지."

홍 과장은 천하태평한 정 과장이 답답하기만 했다.

"아니, 이 사람아. 부장님이 그거 보내주신 지가 언젠데 아직도 못 봤다고 그래. 후딱 보고 메일로 나한테 1시까지 의견 좀 보내줘."

"1시까지? 에이, 홍 과장. 그럼 점심도 먹지 말라는 거야? 다 먹고살자고 하는 짓인데, 밥까지 거르면 안 되지."

"그럼 어떡해? 오늘 부장님이 2시에 사장님이랑 회의하신다고 했단 말이야. 그때 보고하실 거 같은데, 적어도 1시간 전에는 보내드려야지."

"어차피 사장님이랑 하는 회의는 30분씩 늦어져. 정 급하면 자네가 나한테 메일 보내놔. 내가 부장님한테 가서 구두口頭로 정리해서 보고드릴 테니까."

홍 과장은 정 과장의 웃는 낯에 화를 낼 수는 없었지만, 대체 저 안일한 생각이 어디서 나오는 것인지 답답하기만 했다.

낯선 사람과도 쉽게 어울릴 수 있는 능력자들이 있다. 이들은 사람과 사람 사이의 관계를 무엇보다 중요하게 생각하고, 소통에 능하다. 온오프라인 만남을 통해 다양한 사람들과 어울리기도 하고, 특히, 소셜네트워킹 활동을 통해 정보통이라는 이미지를 형성하기도 한다.

조직 내 갈등을 중재하고, 뛰어난 언변으로 분위기를 부드럽게 만드는 것도 이들이 가진 장점이다. 이성을 관장하는 좌뇌보다는 감성을 관장하는 우뇌가 발달했기 때문이다. 팀의 분위기메이커 역할을 하고, 회식자리를 주도하는 사교형은 일명 '연예인'으로 통하기도 한다.

사교형은 오지랖도 넓어서 남의 일에 관심도 많고, 작은 도움이라도 주고 싶어한다. 본인이 직접 도울 수 없는 일이라면 관련된 사람들에게 직접 전화를 걸어 연결해주는 센스를 보이기도 한다. 이런 장점은 조직의 분위기가 침체되어 있거나, 어려운 문제에 봉착해 업무진척이 잘 안 될 때 진가를 발휘한다. 동료들의 불만거리를 차근히 들어주면서 다독이기도 하고, 팔짱만 끼고 움직이지 않는 동료들을 독려하는 역할도 한다.

이들은 이런 생각을 한다.

'관계가 좋으면 일은 저절로 술술 풀리게 되어 있어.' '우리끼리

싸울 필요 없잖아? 그냥 넘어가면 되지.' '신뢰가 쌓여야 일도 하는 거야.' '나만큼 일 잘하는 인재도 드물 걸.' '나 없으면 조직생활 재미없잖아.'

국민일꾼으로 불리는 개그맨 이수근이 앞잡이형에 가깝다면 국민MC 유재석은 사교형에 가깝다. 출연자들 각자의 장점을 잘 드러나게 하면서도 전체의 조화를 이끌어나가는 진행스타일 그리고 낙천적이면서 모나지 않은 인간관계 등이 사교형의 대표적인 특징을 보여주고 있다.

그러나 사교형들에게도 단점이 있다. 일보다는 관계 형성에 치중한다는 점 그리고 '어떻게든 되겠지'라는 식의 지나친 낙관주의가 동료의 불만을 사기도 한다. 사람들과 어울리기 좋아하고 만인

의 관심을 받기 원하기 때문에, 일 중심적이고 내성적인 동료들과 마찰을 빚기도 한다. 회사는 일하는 공간이지, 노는 공간이 아니라는 핀잔을 듣기도 한다.

프로는 관계로
일을 해결한다?

사교형은 상대적으로 활동량이 많다. 많은 문제를 인간관계를 통해 해결하려는 경향이 있기 때문에, 이 사람, 저 사람 만나야 할 사람들이 너무도 많다. 꼼꼼하게 보고서를 작성하는 일은 제쳐두고, 상사에게 달려가 구두로 보고를 대신하는 경우도 많다.

중국 당나라 육여경陸餘慶이라는 사람에 대한 이야기를 들어보면, 사교형의 전형적인 특징과 이들이 빠지기 쉬운 함정에 대해서도 알 수 있다. 육여경은 말 재주가 뛰어나고 재치가 있으며 인간관계가 좋아, 학자부터 유명 정치인까지 인맥이 넓었다고 한다. 겉으로 드러나는 모습 때문에 사람들은 그가 학식이 풍부하고 일도 잘하는 줄 알았다.

한번은 감찰관으로 임명되어 지방에 부임한 적이 있었는데, 능력 있는 관리가 온다고 백성들의 기대가 컸다. 그러나 시간이 지날수록 내리는 판결마다 오류가 발생하고 업무처리능력도 떨어지자, 백성들의 원성이 들끓었다. 이를 두고 사람들은 "업무능력은 떨어지는데, 말로는 뭐든지 다할 수 있는 것처럼 듣기 좋게 늘어놓는다"라고 조롱했다.

물론 앞서 말한 것처럼 사교형들이 가진 장점도 많다. 특히, 주변 사람들을 즐겁게 하는 것만큼 큰 무기도 없다. 하지만 일보다는 관계를 앞세우고, 뭐든지 말로 해결하려는 태도는 동료관계에서 갈등의 소지가 되기도 한다. 때로는 괜찮은 실력을 가지고 있는데도 평가절하되는 일이 생긴다.

오히려 칭찬과 관심이 에너지가 된다

사교적인 직원들이 일에 몰입하고 더 나은 성과를 낼 수 있도록 돕는 최고의 무기는 칭찬과 관심이다. 이들은 동료들이 자신을 인정해주고 조금만 관심을 보여줘도 상당히 고무되는 경향이 있기 때문이다. 그래서 '기대와 관심이 상대방에게 영향을 미쳐 결국 그렇게 행동하도록 만든다'는 피그말리온효과Pygmalion Effect가 가장 잘 발휘될 수 있는 대상이기도 하다.

미국의 교육학자 로젠탈Rovert Rosenthal과 제이콥슨Lenore Jacobson 교수는 한 실험을 통해 기대와 성과 사이의 관계를 밝혀낸 바 있다. 한 초등학교에서 전교생을 대상으로 지능검사를 실시하고, 검사결과와는 무관하게 무작위로 학생들을 선택하여 학생들의 담당교사에게 "이 학생은 지적 능력이 우수하여 앞으로 학업성취도가 매우 높을 것이다"라고 알려주었다. 8개월 후, 다시 지능검사를 실시하여 처음과 비교한 결과, 이 학생들의 평균지능점수가 다른 학생들보다 매우 높았을 뿐만 아니라 예전에 비하여 성적이 큰 폭으로 향상된 것으로 나타났다.

결국, 교사가 어떤 학생에게 '이 아이는 장차 성적이 크게 오를 것'이라고 기대를 하면 그런 기대를 받은 학생은 그것에 반응하여 실제로 성적이 올라간다는 것이다. 이처럼 기대감이 성과에 미치는 영향을 피그말리온효과라고 한다.

사교형과 함께 일할 때에는 핀잔을 주거나 잘못한 일에 대해 지적을 하기 전에, 그 사람의 장점을 치켜세워주고 많은 사람들 앞에서 칭찬해주는 것이 바람직하다. 그러면 그 동료는 자신에게 쏠린 관심을 즐기며 본인의 잠재력을 마음껏 발산할 것이다. 오히려 동료들이 자신에게 관심을 보이지 않고 어울리려 하지 않는다면, 의기소침하여 조직 밖으로 겉돌 우려도 있다.

동료의 장점을 파악하고 칭찬해주는 것은 금전적인 보상 못지않게 강력한 효과를 발휘한다. 칭찬은 상대방에게 동기를 부여함은 물론, 그 말을 한 본인까지도 기분 좋게 만드는 힘을 가지고 있다. 38세의 젊은 나이에 미국 최대의 철강회사 CEO가 된 찰스 슈왑Charles Schwab은 일찍이 자신의 성공비결에 대해 "나에게는 사람들의 열정을 불러일으키는 능력이 있는 것 같다. 그것은 자신의 잠재력을 발휘하게끔 만드는 격려와 칭찬이다"라고 말했다.

칭찬이 여러 면에서 긍정적인 효과를 가진다는 사실을 알면서도 우리는 유난히 칭찬에 인색하다. 어릴 때부터 겸손하고 진중하게 행동하는 것이 미덕이라고 배운 탓인지, 좀처럼 자신을 드러내지 못하고 다른 사람을 칭찬하는 것에도 서툴다.

그래서 칭찬에도 기술이 필요하다. 가장 효과적인 칭찬은 칭찬할 거리가 생겼을 때 구체적이고 즉각적으로 하는 것이다. 예를 들어, 회의 석상에서 동료가 낸 아이디어가 괜찮다는 생각이 들면 곧바로 "정 과장이 방금 낸 아이디어 정말 괜찮은데요. 그동안 해보지 않았던 방식이라 리스크는 있지만, 잘만 되면 대박을 노릴 수 있겠어요"라고 하는 식이다. 칭찬하고자 하는 내용이 모호하거나 시기를 놓치면 칭찬의 효과가 감소될 수 있다. 무엇보다 공개적으로 하는 것이 중요하다. 직원들은 상사뿐만 아니라 동료들로부터 인정받을 때 사기가 진작될 수 있다.

누군가로부터 꾸지람을 듣는 것만큼 사람을 의기소침하게 만드는 일도 없다. 육아 십계명에도 '열 번의 체벌보다 한 번의 칭찬이 낫다'라는 말이 있다. 칭찬이 성장하는 아이에게 자신감을 갖게 만들고 삶에 대한 긍정적인 태도를 형성시키기 때문이다. 마찬가지로 사교형들을 업무능력이 떨어지는 사람으로 대하면 실제로 성과 향상을 기대할 수 없지만, 존중하면서 뛰어난 능력을 지닌 사람으로 대하면 높은 성과를 기대할 수 있다. 이것은 결국 팀의 실적을 높이는 데 큰 영향을 미칠 것이다.

반보 뒤에서
따라가라

사교형에게는 꼼꼼하고 신중한 성격의 동료가 잘 어울린다. 사교형이 책임감 있게 일을 마무리하는 유형이 아니기 때문에, 곁에서 시간관리나 업무의 세부적인 사항을 점검해주는 동료가 있다면 팀워크가 잘 발휘될 수 있다. 그런 점에서 보면 전형적인 사교형인 정 과장과 꼼꼼하기 이를 데 없는 홍 과장은 찰떡궁합인 셈이다.

그렇다면 팀워크를 어떻게 발휘할 수 있을까? 홍 과장이 탁 대리가 쓴 신사업 추진계획안에 대한 검토보고서를 정 과장과 함께 써야 하는 이번 상황 같은 경우, 홍 과장은 먼저 정 과장에게 점검해야 할 이슈항목들을 정리해주는 것이 좋다. 그러면 정 과장은 그 항목에 맞게 자신의 의견을 정리하면서 경우에 따라 다른 사례를 수

집해올 수도 있다. 홍 과장은 그 결과물을 받아 마지막으로 정리하면 된다. 이처럼 서로의 장점을 잘 활용하여 역할분담을 한다면 조직 내 갈등도 줄어들 수 있을 것이다.

《서경書經》 여오旅獒편에는 구인공휴일궤九仞功虧一簣라는 말이 나온다. '아홉 길이나 되는 산을 다 쌓아놓고서 마지막 한 삼태기를 게을리 한다면, 지금껏 쌓아온 공적이 모두 수포로 돌아간다'는 뜻으로, 99퍼센트의 일을 다해놓고 마지막 1퍼센트의 마무리를 못해 일이 수포로 돌아갈 때 이 말을 쓴다. 사교형의 동료가 이런 우를 범하지 않도록 동료들의 세심한 뒷받침이 필요하다.

사교형에게 이러면 100퍼센트 싸운다

- 대충 말로만 하지 말고, 구체적인 내용을 보고서로 만들어서 하나씩 논의하자고 제안한다.
- 화가 난 나머지, "인기 가지고 직장생활 하는 것 아니잖아?"라는 식으로 얘기한다.
- 감정을 배제하고 오로지 사실과 데이터만 들이민다.
- 업무를 언제까지 마무리할 것인지 계속 다그친다.

미워도 다시 한 번, 관계회복 솔루션

- 말로만 내는 그의 아이디어와 보고가 구체화될 수 있도록, 틀을 잡아주거나 이미지로 윤곽을 그려준다.
- 상사에게 구두로 보고하거나, 관계로 해결해야 할 일 등이 생겼을 때, 그에게 일을 맡겨서 장점을 살릴 수 있게 해준다.
- 많이 부족해 보일지라도, 작은 노력이나 성과에 칭찬을 아끼지 않는다.
- 어떻게 느끼고 생각하는지 관심을 갖고 질문한다.

내가 바로 입만 살아있는 **사교형**?

☐ 분위기 메이커라는 얘기를 자주 듣는다.

☐ 보고서 쓰는 게 싫다. 말로 보고하는 게 훨씬 편하다.

☐ 동료의 부탁을 쉽게 거절하지 못하고, 어떻게 해서든 해결해주려 한다.

☐ 문제가 발생해도 비교적 긍정적으로 생각하며 풀어가는 편이다.

☐ 자신이 꼼꼼하다는 생각을 해본 적이 없다.

☐ 아이디어 내놓는 건 재미있지만, 실행하라고 하면 벌써 피곤하다.

▶▶ 회사가 노는 곳으로 보이나요?

위의 항목에 3가지 이상 해당되는 분들은 사교형의 특징을 많이 갖고 있는 것이다.

사교형 동료를 바라보는 시각은 크게 두 부류다. 한 부류는 이들을 가까이 두고 싶은 사람으로 여긴다. 사교형들은 사람 사귀는 재능이 있어 상사뿐만 아니라 동료들에게도 인기가 많다. 모난 성격이 아니기 때문에 잘 놀고 적을 만들지도 않는다. 자리에 누가 참석하느냐에 상관없이 동료들이 모이는 술자리에는 꼭 참석하여 한 자리를 차지하는 편이다.

하지만 이들을 곱지 않은 시각으로 바라보는 부류도 있다. 이런 식이다. '정 과장이 예전에는 낙천적이고 성격 밝은 입사동기로 보였지만, 지금은 왠지 생각 없이 직장생활을 하는 철부지로 보인다.'

낙천적인 성격이라 심각한 것도 없고 때로는 가벼워 보이기까지 한다. 부서동료가 상사 때문에 힘들어하고 많은 업무 때문에 스트레스를 받고 있어도, 사교형들은 웃어넘겨버린다. 제 책상에 붙어서 진득하게 일하는 꼴도 안 보인다. 여기저기 돌아다니면서 일하는 사람 귀찮게 하고 잡담만 늘어놓는 것처럼 보인다. 이런 모습을 보고 있노라면 '회사 놀러 다니니? 무슨 생각으로 사니?'라는 생각마저 든다.

이런 이야기를 듣고 뜨끔하는 분들이 있다면, 이제부터 잡담이라도 좀 줄이자. 결국 회사에서 여러분이 보여야 하는 것은 실력이다. 실력이 있고 사교성이 있어야 인정받지, 실력이 없으면서 사교성만 좋으면 오히려 무시당할 수 있음을 명심하자.

대세를 거스르면 쪽박 찬다, **현상유지형** 3

"이제부터 우리 팀은 당분간 신사업 추진을 제1업무로 진행할 거야."

사장과 회의를 마치고 돌아온 강 부장이 팀원 전체를 소집하더니 진지한 목소리로 말했다.

"아니, 그러면 저희가 지금 진행하고 있는 업무들은 어떻게 하고요?"

이 대리는 한숨부터 나왔다. 이미 진행하는 업무만으로도 차고 넘치는 상황이었다.

"어떻게 하긴. 계속 해야지."

"부장님도 아시잖습니까. 지금 업무도 이미 과부하상태라는 걸요."

"그걸 누가 모르나? 사장님이 시키면 하는 거지. 일단 급한 업무부터 쳐내고, 나머지는 뒤로 미뤄두거나 홍보팀으로 넘겨."

홍 과장이 심각한 얼굴로 물었다.

"신사업 추진이라면, 우리가 어떤 업무를 맡게 되나요?"

"우리는 마케팅전략을 짜야겠지. 다들 오늘부터 밖에 나가서 시장조사부터 시작하자고."

이 대리는 가뜩이나 신입을 훈련시키면서 자기 업무 따라가기도 어려운데, 신사업에까지 뛰어들 생각을 하니 눈앞이 캄캄했다. 회의를 마친 후 이 대리는 강 부장을 찾아갔다.

"부장님, 저는 이번 신사업 추진업무에서 빼주시면 안 됩니까?"

"왜? 너무 힘들 것 같아? 이 업무 안 한다 해도 힘든 건 매한가지야. 자네가 이 업무에서 빠지면 다른 팀원들의 기존 업무까지 떠안아야 할 거라고."

"아니, 그게 아니라…. 전 차라리 하던 일 하는 게 편합니다."

"이 사람아. 새로운 일이 두렵다고 어떻게 피하려고만 하나? 이번 프로젝트는 사장님이 야심차게 밀고 계신 거라고. 물론 몇 달 뒤에도 그 마음이 유지될지는 모르지만. 아무튼 우리한테는 이게 상당히 큰 기회야. 자네 커리어에도 엄청난 도움이 될걸세."

"부장님 생각이 그러시다면야, 뭐……. 대세에 따라야겠네요."

'대세를 따른다'는 말은 현상유지형들이 가장 즐겨 쓰는 표현 중 하나다. 꽃밭에서 키가 큰 양귀비가 정원사의 눈에 가장 먼저 띄어 목이 잘린다는 '키 큰 양귀비 신드롬Tall poppy syndrome'을 무척이나 경계하는 유형이다. 그래서 조직에서 자기 주장을 강하게 내세우거나 튀는 것을 싫어한다.

현상유지형은 팀플레이어에 가깝다. 돌출행동을 피하면서 가능하면 조직이 원하는 대로, 상사가 시키는 대로 명령에 따라 움직인다. 사람들은 이들을 '타고난 애사심과 성실함으로 회사가 부도가 나고 어려움을 겪어도 마지막까지 충성을 다하는 직원'이라고 평하기도 한다.

이들의 특성은 무던함과 우직함으로 요약될 수 있다. 일을 만들거나 주도하지 않지만 주어진 일에는 책임감을 가지고 마지막까지 최선을 다한다. 움직이는 것을 싫어하고 한우물만 파는 유형이라 한 분야의 전문가로 평가받는 사람들이 이 유형에 많이 속한다.

현상유지형들은 이렇게 생각한다.

'항상 새로운 것이 좋은 것은 아니야.' '마감일자 지킬 테니, 재촉하지 마!' '앞장서다가 제일 먼저 돌에 맞고 싶지는 않군.' '그냥 하면 되지. 호들갑 떨지 마!' '우직하게 조직에 충성하며 한우물만 파는 것이 성공비법 아닐까?'

이들은 안정적인 업무환경을 선호한다. 여기저기 출장을 다니거나 다양한 프로젝트성 업무를 하는 것에는 익숙지 않다. 일부러 나서서 현재 자기가 하고 있는 일을 바꾸는 스타일도 아니다. 그렇기에 안정형은 정해진 프로세스에 따라 일하는 것을 잘한다. 프로세스가 익숙해지면 그 안에서 남들보다 조금 더 빠르고 효율적으로 할 수 있는 작은 시도들을 하기도 한다. 그렇다고 일하는 방식 자체를 바꾸거나 틀을 새롭게 만드는 것은 아니다.

변화가
익숙하지 않다

'변함이 없다'라는 말은 인간적인 면에서는 긍정적인 의미를 가지지만, 업무 면에서는 그와 정반대의 의미를 가지기도 한다. 하던 일만 하고 새로운 것을 추구하지 않기 때문에, 변함이 없다고 하는 것이다.

변함이 없는 이들은 현상유지를 중시하기 때문에 새로운 아이디어를 적극적으로 개진하지 않는다. 이런 소극성이 동료들의 불만을 사기도 한다. 마치 네오포비아Neophobia에 걸린 것처럼 비춰지니 말이다.

끊임없이 새로운 것을 추구하고 새로운 것에 끌리는 경향을 '네오필리아Neophilia'라 부르고, 반대의 성향을 '네오포비아'라고 부른다. 즉, 네오포비아란 새로운 것을 싫어하고 낯선 것을 쉽게 받아들이지 못하는 것을 의미한다. 어린 아이들이 채소를 싫어하는 것도 이 때문이다.

현상유지형들은 하루가 다르게 변화하는 디지털시대에 앞서나가거나 최소한 적응은 해야 할 텐데, 오히려 시대의 흐름을 잘 따라가지 못하는 경향이 있다. 그러다 보니 혁신을 주문하고 창의적인 인재를 중시하는 요즘 같은 조직문화 속에서는 이들이 함께 일하는 동료들의 골칫거리로 전락할 수도 있다. 아무리 자기 위치에서 최선을 다하는 성실함과 우직함이 이들의 최대 강점이라지만, 변화를 받아들이거나 주도하지 못하는 특유의 성품은 이들의 성장을 가로막는 걸림돌로 작용하게 된다. 뿐만 아니라 조직의 걸림돌로 작용하기도 한다.

일을 나누고
방향을 정하라

현상유지형과 함께 일하면서 성과를 창출하기 위해서는 동료들의 주도적인 역할이 필요하다. 누군가가 일을 구분하여 방향성을 정한 뒤에 나누어주면, 현상유지형들은 전체적인 틀에 맞춰 일을 완수하는 능력을 가지고 있다.

춘추전국시대 오나라의 손권은 조조, 유비와 달리 수성에 능한 인물로 후세에 알려져 있다. 오나라가 조조와 유비가 세운 위, 촉한보다 더 오랫동안 명맥을 유지할 수 있었던 것도 현상유지형에 가까운 군주의 성향 때문이라는 분석이 많다. 그러나 조금 더 깊이 들여다보면 노숙과 제갈근, 여몽, 육손과 같은 전략가형 인물들이 안정을 중시하는 스타일의 손권과 잘 조화를 이루었기에 가능했던 일이었다.

현상유지형들이 일을 못하는 것은 아니다. 이들은 나서지 않을 뿐이다. 팀 내의 조화를 중시하기 때문에 섣불리 자신의 의견을 내세우지 않는 것이다. 주변동료들이 "묻어가려 한다"고 비판하지 않고 조금만 이끌어준다면, 이들은 자기 몫을 충분히 해낼 것이다.

집단지성에
참여하게 하라

바야흐로 혁신과 창의성이 경영의 키워드가 되고 있다. 변화해야 하고 새로움을 지속적으로 추구해야만 생존할 수 있다. 그러나 이런 변화에 익숙하지 않은 사람들이 현상유지형이다.

이 유형들은 잘 운영되고 있는 시스템을 굳이 바꿔야 할 이유를 찾지 못하고 전체적인 변화보다는 부분적인 개선을 선호하는 경향이 있다. 그렇다고 압박하거나 스트레스를 주는 것은 이들에게 독이 될 수 있다.

동료들이 현상유지형과 일할 때는 이들에게 시간을 주면서, 이들을 이야기의 장場으로 끌어들이는 것이 효과적이다. 즉, 혼자서 새로운 무엇인가를 만들어낼 것을 기대하기보다는 여러 사람들이 함께 창의성을 발휘할 수 있는 집단지성에 참여하도록 만드는 것이다.

집단지성은 여러 사람들이 모여 아이디어회의나 공동작업을 하면서 발휘될 수 있는데, 현상유지형은 이러한 상호작용 속에서 자신의 숨은 실력을 발휘할 가능성이 크다. 현상유지형은 다양한 분야에 관심을 가지고 기웃거리기보다는 자신이 하고 있는 일, 관심 있는 일에 몰입하며 한우물을 파는 스타일이라 조직 내 숨은 전문가일 확률이 높기 때문이다. 아마 신사업 프로젝트에 뛰어들기 꺼리는 이 대리도 막상 일을 시작하면, 팀이 함께 진행하는 이번 프로젝트에서 숨은 실력을 뽐낼 가능성이 크다. 물론 이 대리의 스타일을 잘 이해하고 그를 잘 이끌어줄 수 있는 동료나 상사가 있어야 하겠지만 말이다.

팀 업무에 협력하게 만들거나 업무의 노하우를 얻고자 한다면 이들이 귀찮게 여길 정도로 의견을 구하고 회의에 참석하도록 만들어보자. 회의를 하다 보면 이 유형의 사람들이 특정한 한두 영역에 있어서만큼은 동료들보다 더 많은 지식과 노하우를 가지고 있는 것을 종종 발견할 수 있을 것이다.

현상유지형에게 이러면 100퍼센트 싸운다

- 왜 이렇게 느리냐고 재촉하며, 빨리빨리 일할 것을 종용한다.
- 구닥다리 같은 방식을 굳이 고수할 필요가 있는지 묻는다.
- 한 가지 일이 끝나지도 않았는데, 여러 가지 일을 동시에 처리하라고 한다.
- 함께 일할 때 주도적인 역할을 맡아달라고 요청한다.

미워도 다시 한 번, 관계회복 솔루션

- 서로의 업무처리 속도를 고려하여 업무스케줄을 함께 짜본다.
- 의견을 물어보되, 이들이 생각할 수 있는 시간을 먼저 준다.
- 이들이 자기 완결적으로 할 수 있는 일을 하도록 해주고, 이후 남은 업무를 분담한다.

SELF TEST
내가 바로 변화 거부, 현상유지형?

☐ 앞에 나서는 것이나 사람들 눈에 띄는 것이 불편하다.

☐ 회의할 때 가장 말을 적게 한다.

☐ 출장을 다니거나 프로젝트성 업무에 배정되는 등, 기존 업무가 아닌 일을 하는 것이 싫다.

☐ 한번 맡겨진 임무는 끝까지 완성도 있게 마무리하는 편이다.

☐ 이것만은 자신 있다고 생각하는 일이 있다.

☐ 이직할 생각은 별로 없다. 특별한 변수가 없는 한 지금 회사를 조용히 다니고 싶다.

▶▶ 더 이상 무임승차는 안 된다는 거, 아시죠?

위의 항목 중 3가지 이상 해당되는 분들은 현상유지형일 가능성이 크다. 현상유지형들은 우유부단하고 적극성이 부족해 보이는 성격 탓에 동료들로부터 무임승차하는 경향이 있다는 눈총을 받곤 한다. 일이 주어지면 잘해내는 편이나, 그 전에는 복지부동하기도 한다.

특히 역할이나 책임이 명확하지 않은 일에서는 항상 한 발짝 뒤로 물러서 있다. 인간적으로 특별히 나쁜 구석이 있는 것은 아니다. 다만, 남에게 피해를 주지도, 도움이 되지도 않는다.

이런 특성 때문에 평가제도의 허점을 교묘하게 이용하는 것처럼 보이기도 한다. 최근에는 개인의 성과에 대한 평가뿐만 아니라 팀 성과도 중시하는 경향이 있다. 취지는 서로 부족한 점을 보완하고 역량을 합쳐서 조직 전체의 성과를 높이고자 하는 것이다. 여기에 함정이 있을 수도 있다. 적극적이고 주도적인 성향의 사람들은 스스로 일을 찾아서 하기도 하고 많은 양의 일을 소화해내려고 하지만, 현상유지형들은 무엇을 하겠다고 나서지도 않을뿐더러 오히려 이들의 뒤에 숨어버린다. 소위 묻어가려는 속셈인 것이다. 현상유지형들이 일의 프로세스가 명확하고 각자의 역할이 분명한 일에서는 그야말로 최고의 일꾼일지 모르지만, 높은 목표를 세워놓고 빠른 시일 내에 달성해야 하는 일에서는 좋은 파트너가 아닌 셈이다.

하지만 점점 더 불확실성이 커지는 요즘 시대에는 변수를 처리해야 하는 일들이 너무 많이 생기고 있다. 이런 문제들을 해결해야 할 때, 뒤에서만 숨어 있는 동료를 언제까지 이해해줄 수 있을까? 묵묵히 자기가 해야 할 일을 잘해내는 것도 중요하지만, 때로는 위기가 닥쳤을 때 눈 딱 감고 동료들을 위해 앞으로 나설 필요가 있음을 기억해야 한다.

섣불리 나서면 다친다, 주도면밀형 4

강 부장의 주관 아래 신사업 프로젝트의 마케팅전략 회의가 열렸다.

"자, 각자 시장조사결과 발표하고 아이디어를 내보게."

늘 그렇듯이 가장 먼저 탁 대리가 발표를 시작했다.

"… 이처럼 이 제품은 TV나 지면광고 등 전통적인 홍보 툴을 활용하기보다는 SNS를 이용한 입소문전략에 주력하는 것이 더 효과적인 것으로 나타났습니다."

"그래, 고생했네. 다음은 홍 과장이 얘기해볼까?"

"저는 시장조사를 하기에 앞서, 저희가 브랜드이미지를 어떻게 구축할 것인지부터 결정해야 한다고 생각했습니다. 그래서 유사브랜드들이 각각 어떤 콘셉트를 내세웠는지 찾아봤습니다."

"아니, 그건 우리 팀에서 관여할 일이 아닌데. 그 부분은 지난번 사장님 회의에서 기획팀이 진행하기로 이미 협의를 봤다고. 우리는 마케팅전략만 준비해가면 된단 말일세."

"하지만 콘셉트가 정해지지 않은 상태에서 어떻게 마케팅전략을 준비할 수 있습니까?"

강 부장은 답답하다는 듯이 대답했다.

"누가 그걸 모르나? 근데 기획팀에서 그걸 정할 때까지 사장님이 우릴 가만히 두시겠느냐고. 일단 업계동향 살펴서 1차로 가안 마련해 발표하고, 그 다음에 차차 하나씩 수정해가면 되잖아."

"그런 식으로 일하면, 쓸데없는 일을 두 번, 세 번이나 하는 거잖습니까? 사장님이 무서워서 시간과 에너지를 낭비하다니요. 도무지 말이 안 됩니다."

"가만히 보면 말이야. 참 자네가 융통성이 없어. 누구는 자네만큼 생각이 없어서 삽질하나?"

강 부장이 홍 과장을 향해 쏘아붙이자 옆에서 탁 대리가 큭큭거리기 시작했다. 홍 과장은 얼굴색이 달아오르더니 금세 터질 것 같은 표정으로 변했다. 결국 "부장님, 잠시 실례하겠습니다"라는 한마디를 남기고는 회의실을 빠져나갔다.

신입사원 면접을 살펴보면 지원자들은 유형별로 말이나 행동특성이 확연히 다르다. 앞잡이형은 '뭐든지 시켜만 주시면 잘하겠습니다'라고 무조건 달려든다. 진작에 입사해서 세계를 활보하는 상상을 마음껏 펼치면서 꿈에 부푼 지원자들도 있다. 사교형은 면접위원들과 어느새 농담을 주고받으며, 누가 지원자고 누가 면접위원인지 모를 정도로 관계를 역전시켜 놓는다. 현상유지형은 말뚝 박고 이 회사에 뼈를 묻을 각오로 열심히 일하겠다는 당찬 포부를 줄기차게 강조한다. 주도면밀형은 면접위원들이 자신을 채용해야 하는 10가지 이유를 나지막한 목소리로 떨림도 없이 조목조목 설명한다. 면접위원들이 가장 주목해서 보는 이가 바로 이 주도면밀형이다.

동료들 중에 유독 꼼꼼하고 신중한 사람들이 있다. 이런 직원들은 완벽주의자에 가깝다. 답답하리만큼 A부터 Z까지 일일이 따져본다. 때로는 빈틈이 있어 보여야 인간적인 매력도 느낄 수 있는데, 바늘로 찔러도 피 한 방울 나지 않을 정도로 냉철해 보이는 사람이 이들이다.

쉽게 결정을 내리지 않지만, 한번 결정한 것은 고집스럽게 밀고 나간다. 모든 일에 계획을 세우고 꼼꼼하게 정석대로 일을 처리하는 경향이 있어, 이들에게 맡긴 일은 성과가 좋을 것이라는 믿음이 간다. 정도正道를 중시하며 원칙에 따라 행동하는 것을 가장 중요하게 생각하는 이들은 꼼수, 새치기를 모르고 '하라는 것', '허용된 범위' 안에서 움직인다. 그래서 어떻게 행동할지 예측 가능한 인물이기도 하다.

"비폭력은 내 신앙의 제1조이며, 내 강령의 마지막 조항이다"라는 말을 하면서 인도의 독립을 위해 비폭력 불복종운동을 이끌었던 마하트마 간디가 주도면밀형의 대표적인 인물이다.

이들은 이렇게 생각한다.

'회사에서 하지 말라고 하는 것은 해선 안 되지. 그게 규칙 아니겠어?' '계획이 완벽하고 과정도 좋아야 결과도 좋은 거야.' '자고로 디테일에 강해야 인재로 인정받는 법이지.' '내 말이 틀릴 리가 없잖아. 자존심 건드리지 마.'

우뇌보다는
좌뇌가 발달

사람의 뇌는 좌뇌와 우뇌로 구분되고, 여기에는 각기 맡겨진 역할이 따로 있다. 먼저, 우뇌는 직관적으로 상황을 판단하거나 감정을 표현하는 일을 담당한다. 음악을 듣거나 그림을 보면서 이미지를 떠올리는 역할 역시 우뇌의 몫이다. 일반적으로 우뇌가 발달한 사람은 감정표현이 풍부하고 상대적으로 유머감각이 있으며 새로운 것에 호기심이 많다.

좌뇌는 분석적이고 논리적인 사고를 담당하며, 체계적인 방식으로 문제를 해결하는 데 관련이 있다. 옳고 그름을 판단하며, 이성적이고 인지적으로 감정을 조절하기도 한다. 좌뇌가 발달한 사람들은 논리적인 추리를 통한 학습이나 수학 등에 자질을 보인다.

주도면밀형은 우뇌보다는 좌뇌가 발달한 사람들이다. 그래서 문제를 체계적으로 분석하고 도식화하는 역량이 뛰어나다. 인간관계에서도 상대를 허투루 보지 않고 상대의 장점과 단점을 예리하게 간파하는 능력을 가지고 있다.

제갈량 같은 지략가도 주도면밀형에 가깝다. 형세를 판단하여 전략을 짜고, 장수의 장점과 단점을 파악해서 적재적소에 잘 활용하는 한편, 출전하는 장수에게 주의해야 할 점들을 조목조목 알려주었던 면모들이 이를 잘 보여준다.

조직에서도 주도면밀형은 전략가로서의 역량을 잘 발휘할 수 있는 잠재력을 갖추고 있다. '좋은 게 좋은 거다'라는 식보다는 다소

주도면밀형들은 개별 업무는 잘 수행하지만,

큰 윤곽을 설계하는 것에는 익숙하지 않다.

나무는 보지만 숲을 잘 보지 못하는 것이다.

함께 일하는 동료들은 이들이 큰 그림을 놓치지 않도록

팀이 수행하는 업무들이 어떻게 연결되어 있으며,

서로가 어떤 영향을 미칠 수 있는지에 대해 수시로 일깨워줘야 한다.

비판적인 시각을 가지고 있고, 감정에 쉽게 휘둘리지 않으며, 체계적으로 상황을 분석할 수 있는 기본적인 자질을 갖추고 있기 때문이다.

큰 그림을
놓치지 않도록

주도면밀형은 일 중심형 실무자로서 능력을 발휘하는 경우가 많다. 논리적으로 사고하고, 문제를 분석하는 능력이 탁월하며, 보고서도 꼼꼼하게 잘 작성하는 능력을 가진 것이 이들이다.

이런 주도면밀형들은 직급이 올라갈수록 관리자로서의 역할에 어려움을 겪곤 한다. 개별 업무는 잘 수행하지만, 통합적 관점에서 팀 전체의 업무를 두루 이해하고 큰 윤곽을 설계하는 것에는 익숙하지 않기 때문이다. 마치 '관중규포管中窺豹', 즉 대롱을 통해 표범을 보면 표범 전체가 아닌 표범의 무늬 한 점밖에 볼 수 없는 것처럼, 나무는 보지만 숲을 잘 보지 못하는 것이다.

주도면밀형과 함께 일하는 동료들은 똑 부러지게 일 잘하는 이들이 다양한 시각으로 팀 업무를 이해하고 큰 그림을 놓치지 않도록 도와주는 것이 필요하다. 팀이 수행하는 주요 업무에는 무엇이 있고, 그 업무들이 어떻게 연결되어 있으며, 서로가 어떤 영향을 미칠 수 있는지에 대해 수시로 일깨워줘야 한다. 이를 소홀히 할 경우, 주도면밀형은 큰 맥락을 놓치거나 이해하지 못해 팀의 방향과 사뭇 다른 결과를 만들어낼 수도 있다.

또한 주도면밀형은 혼자서 일하는 것을 선호하고 모든 짐을 홀로 지려 하는 성향이 있기 때문에, 이들이 팀에서 이탈이라도 하게 되면 팀 전체에 미치는 영향이 클 수 있다. 동료 중 누군가는 업무의 큰 틀에서 주도면밀형들의 업무내용과 속도, 방향을 항상 점검해야 한다.

우회적으로
표현하라

누구나 그렇기는 하나, 주도면밀형은 리더나 동료들로부터 지적당하는 것을 유독 싫어하는 경향이 있다. 심하게는 마음에 상처가 남아 두고두고 되새기거나, 자신의 자존심이 구겨졌다고 생각하기도 한다. 그만큼 디테일에 강하고 완벽하다고 스스로 자부하기 때문이다.

따라서 함께 일하는 동료 입장에서 주도면밀형의 실수 혹은 잘못을 깨우쳐주고자 한다면 상당히 세심한 접근이 필요하다. 앞잡이형에게는 간략하고 직접적인 방식으로 의사를 전달하는 것이 바람직하지만, 주도면밀형에게는 다른 동료들이 없는 자리에서 직접적이기보다는 우회적으로 자신의 주장을 표현하는 것이 더 바람직하다. 강 부장 역시 홍 과장을 회의 후 따로 불러 "자네 얘기가 맞지만, 이미 협의된 사항을 어기면 그것 또한 문제 아니겠나"라는 식으로 말을 꺼냈어야 했다.

자존심에 상처를 받지 않도록 부정적인 내용과 긍정적인 내용을 잘 섞어서 이야기하는 것도 고려해야 한다. 특히, 주도면밀형의 동료와 의견이 상충될 때에는 균형적인 입장에서 논쟁이 아닌 논의의 방식으로 해결책을 모색하는 것이 좋다. 무조건 자신의 주장을 펼치거나 상대를 설득시키려 한다면, 아마도 주도면밀형의 동료는 이야기는 들을지언정 대화에 참여하지 않거나 의견을 굽히지 않을 확률이 높다.

주도면밀형에게 이러면 100퍼센트 싸운다

- 말이 안 통한다는 생각이 들 때 "고집 좀 그만 부려!"라고 윽박지른다.
- 문제가 발생했을 때 이들의 감정을 고려하지 않고 무작정 전후상황을 따져묻는다.
- 돌려 말하지 않고 직설적으로 잘못을 지적한다.
- 이들의 질문에 두루뭉술, 대충 넘어가려고 한다.

미워도 다시 한 번, 관계회복 솔루션

- '고집이 왜 이렇게 세냐'라고 혀를 내두르기 전에 '왜 그렇게 생각했을까?'라고 접근하며 존중하는 모습을 보여준다.
- 마음에 들지 않더라도, 상대의 잘못을 우회적이고 완곡하게 표현한다.
- 요구사항이 있을 경우, 하나하나 세부적이고 구체적으로 이야기한다.
- 일을 할 때 스텝바이스텝step by step으로 차례차례 하나씩 매듭을 지어가며 진행한다.

내가 바로 융통성 제로, **주도면밀형**?

☐ 자기가 감성적이기보다는 논리적인 사람이라고 생각한다.

☐ 절대 지각하는 법이 없다.

☐ 여럿이 일하는 것보다는 혼자 일하는 것을 좋아한다.

☐ 나를 기분 나쁘게 만든 사람과는 마음을 풀기보다 다신 보지 않으려고 하는 편이다.

☐ 충동적으로 여행을 가거나, 물건을 구매하는 일이 극히 드물다.

☐ 회의시간이 괴롭다. 논쟁을 하느니 차라리 말을 하지 않는 편이 낫다.

▶▶ 자존심이 밥 먹여주나요?

위의 항목 가운데 3가지 이상 해당되는 분들은 주도면밀형의 성향을 상당 부분 갖고 있다. 꼼꼼하고 자기 주장이 강해서 자존심과 고집이 세다는 평가를 받는 주도면밀형. 이들은 스스로가 섣불리 행동하거나 쉽게 의사결정을 내리지 않는다고 생각하기 때문에, 한번 내린 결정은 절대 바꾸지 않는 경향이 있다. 하지만 이것이 실패로 이어지거나 곤경에 빠지게 되는 빌미가 되기도 한다.

대표적인 주도면밀형 인물로 꼽히는 자동차회사 포드의 창업자 헨리 포드Henry Ford 역시 자신의 주장을 고집하다 위기에 빠진 경험이 있다. 값싸고 튼튼한 차를 생산하기 위해 검은색 T-모델만을 고집했던 헨리 포드는 다양한 색상과 가격대로 소비자를 공략한 GM의 반격을 대수롭지 않게 여기고 자신의 생각을 굽히지 않은 탓에 결국 역전을 허용하고 만다.

자기 주장 없이 어떻게 일할 수 있고, 고집 없이 어떻게 경쟁에서 이길 수 있겠는가? 하지만 이것이 지나치면 자존심 세고 아집만 남은 사람으로 비춰질 수도 있다. 주도면밀형은 혹여 자신의 이런 모습 때문에 동료들이 힘들어하거나, 자신을 함께 일하기 싫은 기피대상 1호로 생각하고 있는 것은 아닌지 뒤돌아봐야 한다.

5장

그래도
비켜갈 수 없다면

앞 장에서 설명한 것처럼 상사, 동료, 부하직원과의 갈등은 관계의 특수성과 대상의 유형을 고려하여 해법을 찾는 것이 바람직하다. 상사와 겪는 갈등, 부하직원과 겪는 갈등, 동료와 겪는 갈등이 서로 상이하기 때문이다. 갈등은 상호작용 속에서 생겨나는 것이고, 나와 마주하는 사람이 다르면 대처하는 방식 또한 달라야 한다.

그럼에도 불구하고 이런 맞춤형 대처가 완벽할 수는 없다. 사람이란 가끔 단순해 보여도 실은 얼마나 복잡한 동물인가? 게다가 환경적인 변수는 왜 이리 많이 존재하는지. 관계에 능한 연예인형 상사 정 과장이라도, 과중한 업무가 주어지면 언제 어떻게 이해도 제로의 워커홀릭형 상사로 변신할지 모른다. 일 잘하고 싹싹한 탁 대리도 잔소리쟁이 홍 과장을 만나 한동안 의욕 제로의 말뚝형으로 변했던 것을 기억하라.

　이렇게 변수란 늘 존재하는 것이기 때문에, 때로는 스스로 관계 스트레스에서 오는 자기 안의 분노와 좌절, 우울감을 해결할 필요가 있다. 그래야 사람에게 상처를 받아도 금세 회복하여 자기 페이스를 찾아갈 수 있다. 자기 페이스를 찾아야 업무에도 지장이 없고 직장생활이 즐겁다. 무엇보다 스스로가 더 행복할 수 있다.

　이 장에서는 스트레스에 대한 내성을 만들어 회복탄력성을 높이기 위한 방법을 이야기할 것이다. 관계 지향성이 약하고 스스로가 소심하고 내성적인 사람이라 생각하는 분들은 특히 유의해서 읽었으면 좋겠다.

정장 입은 상사, 똥바지 입은 부하

1

대부분의 갈등은 서로의 '다름'에서 비롯된다. 다름을 이해하지 못하고 인정하지 않으면, 갈등은 뿌리를 내리고 지루한 싸움은 시작되기 마련이다. 연인 사이에서의 싸움도 이런 식이다.

"도대체 내가 무엇을 잘못했다고 그러는 거야? 당신을 도저히 이해할 수가 없어."

"내가 이 정도로 싫어하면 하지 말아야지. 매번 그냥 넘어가려고만 하고 바뀌지를 않잖아! 당신이 바뀌지 않으면 우리 관계는 지속될 수 없어."

회사라고 다를까? 회사는 적어도 수십 년을 자기만의 방식과 가치관으로 살아온 사람들이 모인 집단이다. 저마다의 특성을 이해하고 수용하지 못하면서 상대를 나에 맞게 바꾸려고 하는 것은 무모한 짓에 가깝다. 오히려 자신이 가진 내면의 모습, 장단점을 스스로 깨닫는 것이 더 합리적이다.

내가 상대를 바꿀 수 있다는
생각은 착각

직장 안에서 일어나는 갈등 중 상당 부분은 세대차이에 기인한다. 특히, 조직을 양분하고 있는 40, 50대와 20, 30대 사이의 갈등이 크다. 옷차림에서부터 의사소통방식, 조직에 대한 태도 등 서로가 서로를 이해하지 못하는 것들이 많다.

40, 50대들은 "개성도 중요하지만 출근복장은 단정해야 하는 것 아니냐?", "회식도 업무의 일환이다. 약속 있다고 불참하는 것이 말이 되나?", "지시하면 토 달지 말고 해야지. 위아래도 없다"라고 젊은 직원들에 대한 불만을 쏟아낸다.

20, 30대라고 해서 불만이 없는 것은 아니다. 이들은 "일만 잘하면 되지. 복장이 뭐 그리 중요합니까?", "업무시간 이외는 사생활 영역 아닙니까?", "자유롭게 대화하고 토론하는 문화가 자리 잡아야 생산성도 높아지는 것 아닌가요?"라고 항변한다.

서로 다른 환경에서 가치관을 형성해온 사람들이, 각자의 가치관을 가지고 다른 세대의 사람들을 바라보니 못마땅한 것이 없을 수 없다. 여러분의 부모님을 한번 생각해보라. 부모님과 말이 잘 통한다고 생각하는 분이 있다면 자신 있게 손을 들어보라. 예상컨대, 거의 손 드는 분이 없을 것이라 믿는다. 그렇다. 나와 오랜 세월을 함께 살며 서로의 속내를 가장 잘 이해하는 부모님과도 세대차이로 인한 갈등이 빈번하게 생기는데, 직장상사나 부하직원과는 오죽하겠는가.

부모님의 고리타분한 생각을 바꾸고 싶어 여러 번 대화를 시도해봤지만 좌절만 하고 끝냈던 경험을 가진 분들이 많을 것이다. 반대로 중고생 자녀를 둔 분이라면, 스마트폰이나 게임중독에 빠진 것 같은 아이들에게 훈계를 할 때마다 아이들이 시큰둥하게 반응하는 것을 보고 상처를 받은 경험이 한 번쯤 있을 것이다.

그런데도 많은 사람들이 은연중에 내가 상대를 바꿀 수 있다고 생각한다. "당신은 이것이 문제야!", "잘못된 습관 좀 고쳐!"라고 말하면 상대가 그렇게 바뀔 것이라고 믿는다. 한두 번 말해서 안 되면 될 때까지 해야 한다고 주장하는 사람들도 있다. 단언컨대, 이것은 모두 착각이다. 상대가 나와 생각이 다르고 일하는 방식이 다르다고 해서 이를 지적하고 상대를 고치려고 하면 갈등은 깊어지기 마련이다. 나와 다르기 때문에, 불편하고 눈에 거슬리는 것은 당연하다. 불평할 수도 있다. 그러나 내가 잘 바뀌지 않는 것처럼 상대도 좀처럼 바뀌지 않는다. 자신의 생활습관 하나 바꾸는 것에도 상당한 노력과 시간이 필요하지 않던가. 스스로는 바뀔 생각이 없으면서 상대에게 바뀌어야 한다고 이야기하는 것은 자기중심적인 사고에 기인하는 것일 뿐이다.

사람과의 관계 스트레스를 조금이라도 줄이려면 상대를 이해하고 인정하는 것이 우선이다. 나의 틀에 따라 상대의 행동을 바라볼 것이 아니라, 상대의 입장에서 또는 상대가 생각하는 틀에 따라 행동을 이해하는 것이 필요하다. 무작정 지적하고 잔소리해봐야 미움만 커질 뿐이다.

나부터 달라지도록
만들어야 한다

문제를 해결하려면, 상대에게 아무리 얘기를 해도 서로의 차이는 메워지기 힘들며, 상대는 잘 바뀌지 않는다는 전제하에 생각해야 한다. 못된 상사를 아무리 코칭한다고 해서 착한 상사로 바뀌지 않는다. 그래서 코칭은 바꿀 수 있는 대상, 즉 나를 이해하는 것에서 부터 시작하는 것이 중요하다.

직장에서 인간관계 문제로 어려움을 겪고 있는 분들은 현재 내가 겪는 갈등과 무관한 제3자에게 내가 무슨 성격을 가졌고, 특정 상황에서 사람들에게 어떻게 행동하는지를 관찰하고 피드백을 해달라고 부탁해보기 바란다. 부정적인 피드백에 휘둘릴 것 같으면 복수의 사람들에게 익명으로 평가해달라고 해보자.

자신의 성격, 행동특성 등 자신의 모습을 잘 이해하는 사람도 있고, 나의 행동을 남이 어떻게 생각할지 염려해서 주의를 기울이는 사람도 있다. 하지만 많은 사람들이 자신의 모습을 잘 알지 못하고 관심도 적은 편이다. 성격검사를 처음 해보는 사람들이나 주변동료들로부터 360도 피드백을 받아본 사람들 중에는 '내가 이런 사람이었나?'라고 고개를 갸우뚱하는 사람들이 적지 않다. 어떤 이들은 평소에 내가 알고 있는 나의 모습과 남이 보는 나의 모습이 달라충격에 빠지곤 한다. 이처럼 자신의 모습에 관심을 기울이지 않거나 남이 이야기를 해주지 않으면 나의 모습을 정확히 알기 어렵다. 따라서 피드백을 받아보면 그간 전혀 생각지 못했던 부분이라든가 절대 인정하고 싶지 않은 부분에 대한 평가가 의외로 많이 나오게 된다. 스스로가 피해자라고 생각했지만 오히려 가해자일 수도 있다는 인식을 이때 많이 하게 된다.

마찬가지로 팀 내에 문제가 있다고 파악되는 사람이 있으면, 팀 전체에 양해를 구하여 팀원들 모두가 서로에게 이런 식의 관찰 및 피드백을 해보자. 이런 과정을 통해 문제 있는 직원이 자신에 대해 돌아볼 수 있는 기회를 갖도록 해주는 것이 좋다.

이렇게 나온 결과마저 부정한다면 관계회복은 아예 불가능한 것이다. 적어도 자신의 모습을 알고, 자신의 행동 때문에 주변사람들이 고통을 받고 있다는 사실 정도는 알고 있어야 변화의 가능성도 있는 법이다.

이 정도로 했는데도 못마땅한 부분이 있고 상식적으로 이해되지 않는 부분이 있다면, 차라리 조직의 규칙과 규율을 잣대로 문제직원의 행동을 해석하고, 그 토대 위에서 해결의 실마리를 찾는 것이 바람직하다. 예를 들어, 늘 지각하는 부하직원 때문에 괴로운 팀장이라면 규칙에 따라 그 직원의 승진을 보류한다든지, 공동으로 진행하는 프로젝트에서 늘 업무를 미루는 동료 때문에 짜증 나는 분들이라면 업무일지를 쓸 때 각자가 진행한 부분을 구체적으로 정확히 기재하여 그에 따른 평가를 받는다든지 하는 식으로 말이다. 인간적으로 해결하는 것이 가장 좋지만, 그렇게 할 수 없다는 판단이 들면 객관적이고 냉철하게 조치를 취해야 하는 것이다.

어떻게
화를 낼 것인가

인간관계에서 오는 스트레스를 그때그때 털어내기보다는 무조건 참는 분들이 있다. '참을 인忍 자 세 개면 살인도 면한다'는 말처럼 상대와 사사건건 부딪혀서 싸우기보다는 한 발 물러서서 참는 것이 좋을 때도 있다. 상사가 밉고 마음에 들지 않는다고 면전에서 욕을 할 수도 없는 노릇 아닌가?

이들은 어떻게 해야 할지 모르거나, 말해봐야 소용없다고 생각해서 참는 경우가 많다. 아니면 마음에 상처를 크게 입고, 아예 상대와 담을 쌓고 지내는 유형도 있다. 술과 담배에 의지해서 스트레스를 잊고 싶어하는 사람도 있고, 먹는 것으로 해결하려는 사람도 있다.

참으면서 스스로 갈등을 해결해나가는, 비교적 건전하게 참는 사람도 있다. '자신의 잘못도 있다'고 생각하거나, 상대방의 입장을 생각해보면서 '그럴 수도 있겠다'고 생각하는 이들이 그렇다.

그러나 참는 사람들 대부분은 혼자 분을 삼키거나 마음속에 차곡차곡 스트레스를 쌓아두는 경향이 있다. '두고 보자'는 심리가 작용하는 것이다. 이럴 경우 쌓여가는 분노와 스트레스를 조금씩이라도 해소할 수 있는 방법을 찾지 않으면, 점점 상대에 대한 미움이 커지는 것은 물론 스스로의 건강을 해칠 우려가 있다.

참는 한계를 시험하지 마라

여러 가지 조사와 실험에 의하면 이와 같은 방법은 갈등으로부터 잠시 벗어나고 싶은 심리는 충족시킬 수 있을지언정 근원적 해결 방법은 될 수 없다고 한다.

참고 참으면 오히려 큰 화가 될 수도 있다. 평소에 불만을 거침없이 말하고 수십 번 '회사를 때려치우겠다'고 말하는 사람들은 쉽게 회사를 나가지 않고, 오히려 평소에 불만도 없어 보이고 잘 참는 사람들이 불쑥 사직서를 내밀거나 폭발하는 경우가 많은 것도 이 때문이다. 참고 참고 또 참다가 한계에 도달한 것이다. 큰 사건으로 이런 일이 발생하는 것도 아니다. 평소 이런저런 일들을 겪으며 스트레스라는 풍선을 마음속에 키우다가 자신도 모르게 작은 사건이 빌미가 되어 폭발하고 마는 것이다.

회사에서는 누구보다 유순하고 착한 사람이 집에 가면 폭군으로 변하는 모습을 많이 본다. 가장 좋지 않은 케이스다. 회사에서 받은 스트레스를 가장 사랑하지만 어떻게 보면 가장 만만한 대상인 가족에게 퍼붓는 셈인데, 이것은 자칫 회사에서의 인간관계뿐 아니라 가정에서의 인간관계마저 악화시키는 지름길이 될 수 있다.

평소에 회사 때려치우겠다고 말하는 사람들은 말이라도 하면서 자신의 스트레스를 조금씩 해소해간다. 하지만 참는 것이 습관이 되어버린 사람들은 스트레스를 해소하는 방법을 모르기도 하고, 알고 있어도 지식으로 억압하는 경향이 있다. 이런 사람들은 시한 폭탄을 안고 지내는 것과 다를 바가 없다. 적당하게 표출하고 사는 것이 스트레스를 다스리는 방법 중 하나다. 화가 나면 화를 내라.

화를 내라,
단 지혜롭게

어떻게 표출하느냐. 화가 나면 화를 내야 하지만, 그 방법이 지혜롭지 않으면 차라리 참는 게 낫다.

정말 분노 때문에 견딜 수 없을 경우, 나를 화나게 하는 대상과 직접 이야기를 나눠봐야 한다. 말이 아예 통하지 않는 사람이라는 생각이 들지라도, 상관없다. 스트레스 때문에 사표를 쓰고 싶은 생각이 들 지경이라면 무엇인들 못하겠는가.

상대에 대한 불만과 분노를 직접 표현하는 것이 아니라, 간접적·우회적인 방법으로 표현하는 것을 '소극적 공격성Passive Aggression'이라고 한다. 사춘기 학생들이 부모나 선생님에게 반항할 때 주로 사용하는 방법이다. 머리를 좀 단정하게 하고 다니라는 선생님의 지적에 삭발을 하고 등교하는 학생들이 그 예라 할 수 있다.

하지만 이와 같은 방법이 크게 효과적이지는 않다. 한 번에 끝낼

일도 여러 번 우회적으로 표현해야 하고, 이렇게 한다고 한들 상대가 자신의 잘못을 깨달을 것이란 확신도 없다. 오히려 이런 행동들 때문에 자신에 대한 이미지와 평가만 나빠질 우려도 있다.

말하지 않으면 모른다. 상대의 어떤 점 때문에 내가 스트레스를 받고 있는지 차라리 정확히 이야기하는 편이 문제해결에 도움이 된다. 요즘 말로 '돌직구'를 날리는 것이다. '난 당신 때문에 상처받고 있으며, 직장생활이 힘들다'라고 솔직하게 이야기하는 것이다. 물론 진심이 중요하다. 자칫 사적인 감정을 최대한 배제한답시고 일 중심적으로 사무적인 이야기를 늘어놓을 경우 갈등의 골은 훨씬 깊어지리라는 점을 명심하자.

이런 이야기를 할 때에는 공적인 느낌보다는 사적인 느낌이 들 수 있도록 회사를 벗어나 커피숍 등에서 말문을 여는 편이 좋다. 마치 '당신은 내가 속마음을 털어놓을 수 있는 관대하고 포용적인 사람입니다'라고 상대가 느낄 수 있도록 안락한 공간에서 둘만의 대화를 시작해야 분위기가 잡힌다. 물론 나의 이야기만 폭풍처럼 쏟아내지 말고 상대의 느낌, 생각도 듣는 것이 필요하다. 상대도 여러분 때문에 힘들 수 있다.

그 다음으로, 상대에게 '당신의 이런 점이 정말 싫다'라고 이야기하는 것이 아니라, '당신이 이렇게 하면 내가 이 정도로 힘들다'는 식으로 이야기하자. 구체적으로 기분 나빴던 사건이 있으면 그것을 직접 거론하는 것도 좋다. 단, 상대가 비난받는다는 생각이 들도록 이야기하면 싸움으로 번질 가능성이 크다. 상대가 괴로워하는 나를 이해하고 위로할 수 있도록 이야기하라.

"팀장님도 요새 일 너무 많지 않으세요? 전 이제 한계에 도달한 것 같아요. 건강에도 이상이 오고. 참 힘드네요." "자네, 평소 나에게 불만이 있으면 솔직히 말해보게. 내가 자네에게 무언가 지시를 내리면, 항상 자네가 어두운 표정으로 대답을 제대로 하지 않던데 말이야. 그럴 때마다 내가 무슨 잘못을 한 건 아닌가 싶어 마음이 안 좋다네." "○○ 씨, 지난번에 우리 커피 마시면서 했던 얘기 말이야. ○○씨가 나 생각해주는 것 같아서 고맙더라. 그런데 한편으로 좀 속상하기도 했어."

이런 식으로 대화를 시작하자. 그리고 상대가 공감해주기 시작하면 슬쩍 요구사항을 이야기한다.

"주어지는 업무는 어떻게든 해내겠습니다. 대신 업무 몇 가지는 제 재량껏 해보면 안 될까요? 중간에 팀장님 점검이 들어가는 것보다 한꺼번에 보시는 게 더 효율적일 것 같아요." "자네가 그렇게 생각하고 있는지 몰랐군. 그 점은 내가 꼭 감안하겠네. 자네도 앞으로 나와 이야기할 때나 다른 상사, 선배들과 이야기할 때 좀 더 상냥해지면 좋겠네." "○○씨 말처럼 나 일하는 속도가 느린 건 사실이야. 그래도 끝까지 완수하잖아. 그러니까 그 점에 대해서는 걱정해주지 않아도 돼."

물론 요구사항이 100퍼센트 관철되지 않을 수 있다. 그래도 상대는 내가 불편해하거나 힘들어한다는 점만큼은 확실히 알게 될 것이다. 이로써 상대는 은연중에 압박을 덜할 가능성이 크다.

입을 닫고 있느니 차라리 수다가 낫다

상대방과 직접 갈등해결이 어렵다면 주변사람들과 이야기를 나눠 보거나 다른 누군가의 도움을 받는 것도 효과적이다. 혼자 고민한 다고 해서 해결되지 않는 문제들이 있다. 특히 사람과의 관계문제 가 그렇다. 입을 닫고 혼자서 끙끙 앓지만 말고 주변사람들과 수다 라도 떨어보자. 건강한 수다는 갈등해결이나 스트레스 해소에 도 움이 되기도 한다.

수다의 순기능을 활용하자

수다를 떤다는 것이 반드시 상대에 대한 뒷담화를 의미하는 것은 아니다. 수다는 때때로 속상한 마음을 풀어주는 것을 넘어 갈등상 황을 이해하는 계기가 되기도 한다. 수다를 다음의 네 가지 관점에서 바라보자.

- 자신이 경험하고 있는 갈등상황과 정서상태에 대해 누군가와 이야기를 나눈다.
- 주변사람들을 통해 갈등을 겪고 있는 사람의 성격이나 평소 행동에 대해 좀 더 알아본다.
- 나와 친분이 있는 사람뿐만 아니라 상대와 친분이 있는 사람에게 문제의 원인이 무엇인지 물어본다.
- 자신을 잘 이해해주는 사람에게 문제를 솔직하게 이야기하고 해결방법에 대해 상의한다.

스스로를 고립시킬 필요는 없다. 내 주변에는 나를 이해하고 도와줄 수 있는 사람들이 분명 존재한다. 어쩌면 나와 똑같은 고민을 하고 있는 동료들이 있을지도 모른다. 그 사람들과 대화를 나눠보자. 서로 대화를 하면서 마음의 짐을 조금씩 덜어볼 수도 있고, 든든한 지원군을 얻을 수도 있다. 같은 문제를 겪고 있는 사람과 대화를 나눈다면 좀 더 쉽게 대응방법을 찾을 수도 있다.

나를 화나게 만드는 대상에게 직접 화를 낼 수 없으니, 화를 투정으로 만들어 믿을 만한 동료들에게 푼다고 생각해보자. "업무가 너무 많아서 폭삭 늙어버릴 지경이야" "잔소리에 압사당할 것 같아" "요즘 애들은 왜 그렇게 되바라지지?" 하는 식으로 특정대상을 지칭하지 않고 불만사항을 흘리는 것이다. 자칫 이야기가 번지지 않도록 적정선에서 끊어주는 센스는 필수다. 남의 이야기를 경청해주고 잘 공감해주는 동료가 있다면 금상첨화다.

창피해서 또는 '다른 사람이 얼마나 잘 알겠어?'라는 생각 때문에 쉽게 말문을 열지 못하는 사람들이 있다. 하지만 내가 겪는 문제를 상대도 겪고 있을 수 있다. 아니면 상대에게 과거에 겪은 비슷한 경험이 있을 수도 있다. 당사자가 아닌 제3자의 시각에서 보면 또 다른 해석이 있을 수 있고, 해법 또한 다를 수 있다.

다른 식의 수다도
존재한다

동료에게 이야기를 하기가 겁나는 사람들은 노트를 만들어 화나는 내용을 두서없이 적어 내려가는 것도 좋다. 실제로 속상한 일을 글로 쓰는 것만으로 생각이 정리되고 울분이 가라앉는다는 실험결과도 있다. 일목요연하게 정리할 필요도 없다. 그냥 머릿속에 떠오르는 생각들을 휘갈겨 쓰면 그만이다. 이는 단순히 스트레스를 해소시켜줄 뿐만 아니라, 쓰는 과정에서 상대에 대한 미움을 약화시키고 나의 잘못은 무엇인지 돌아보도록 만드는 효과가 있다.

회사의 제도적인 도움을 받아보는 것도 좋다. 최근 기업체에서는 멘토링 제도를 많이 활용하고 있다. 상사가 부하직원에게 하는 멘토링 제도가 보편적이다. 부하직원이 업무수행과정에서 겪는 어려움이나 주변동료들과 관계를 형성하며 겪는 애로사항들을, 상사가 선배사원의 입장에서 조언해주는 것이다. 반대의 경우도 있다. 부하직원이 상사에 대해 리더십스타일 등에 대해 멘토링을 하는 것이다. 이는 세대 간의 차이를 이해하고 보다 바람직한 리더십 행동을 이끌어내도록 한다는 점에서 긍정적인 효과가 있다.

회사에서 제공하는 심리상담 서비스를 이용해보는 것도 방법이다. 이 서비스를 이용하면 보다 전문적인 시각에서 대인관계 스트레스를 관리하고 해소할 수 있는 방법에 대한 조언을 받아볼 수 있다. 이런 제도적 장치가 마련되어 있지 않은 회사에 다니고 있다면, 평소 편하게 지내는 다른 회사 선배에게 상황을 털어놓고 조언을 구하는 것도 좋다.

분명한 것은 내가 겪는 어려움을 누군가도 겪고 있을 것이고, 내가 해결하기 힘든 문제를 누군가의 도움으로 해결할 수 있다는 점이다. 숨거나 입을 닫지 말고 소통의 창구를 열어놓으면 답을 찾을 수 있다.

기억력이 너무 좋은 것도 심리건강에 해롭다 **4**

연인과 교제하면서 그리고 배우자와 살면서 우리는 수많은 에피소드들을 경험한다. 그러나 사실 우리와 더 많은 시간을 함께하며 희노애락 가득한 에피소드를 만들어가는 상대는 바로 회사 사람들이다. 직장인들이라면 하루 일과의 3분의 2를 회사에서 지내기 때문에 상사, 동료, 부하직원들과 수없이 많은 일들을 겪을 수밖에 없다. 그 과정에서 기분 좋은 일도 있겠지만, 그보다는 기분 상하는 일이 훨씬 많기 마련이다.

사람들은 평소에 경험한 일들을 기억이라는 형태로 머릿속에 저장한다. 의도적으로 할 수도 있고, 의도적으로 한 것은 아니지만 한참 시간이 지난 후에도 기억은 남아 있을 수 있다. 이런 기억들이 사람들의 마음을 흐뭇하게 만들기도 하지만, 오히려 스트레스로 작용할 때도 많다. 때로는 기억을 훌훌 털어버리는 것이 심리건강에 이롭다. 그러나 그것이 어디 쉬운 일이란 말인가.

우리 모두가 가진
기억 저장소의 비밀

기억의 지속성, 단기기억과 장기기억의 차이 등 인간의 기억에 대한 다양한 연구들이 진행되고 있다. 그중에서 유독 흥미로운 연구 결과가 있다. 바로 우리 인간은 기분 좋은 일보다는 그렇지 못한 일들을 더 오래 기억하는 경향이 있다는 것이다.

보스턴대학교의 엘리자베스 켄싱어Elizabeth Kensinger 교수는 감정과 기억 사이의 관계를 연구하기 위해 한 가지 실험을 했다. 실험에 참가한 사람들에게 5장의 사진을 보여주고 몇 일 뒤에 다시 불러 이와 유사한 사진들을 보여주었다. 그리고 참가자들에게 이 사진들이 처음에 봤던 사진과 얼마나 유사한지를 기록하게 했다.

그 결과, 참가자들은 부정적인 감정을 불러일으키는 사진을 보다 더 정확히 기억하는 경향이 있었다. 색상이나 모양 등 전체적인 부분 이외에 세세한 부분까지 더 잘 기억했다. 그 이유를 설명하기 위해 실험을 하면서 참가자들의 뇌를 기능적 자기공명영상 장치를 이용해 찍었는데, 켄싱어 교수는 "부정적인 감정을 일으키는 사진을 볼 때 뇌의 특정부분이 보다 더 활발히 움직였고 이것이 기억을 되살리는 데 큰 영향을 준다"고 주장했다.

이와 유사한 원리가 선거에서 활용되기도 한다. 일명 '네거티브 전략'이 그것이다. 국회위원이나 대통령을 뽑는 선거에서는 막바지로 갈수록 후보자들이 상대후보의 부정적인 면을 부각시키려고 한다. 유권자들이 후보의 업적과 좋은 면보다는 과거의 잘못이나 흠집을 더 잘 기억하기 때문이다. 이것이 때로 선거판도를 뒤흔들기도 한다.

　직장에서도 상사에게 호되게 질책을 당하거나 불합리한 일을 당한 경험, 동료와 다투거나 골탕을 당한 경험 등은 기억에 더 잘 남는다. 한참 시간이 지났음에도 불구하고 불현듯 그 기억이 떠올라 기분을 망치는 경우도 있다. 어떤 사람들은 이런 경험들을 의도적으로 기억에 오랫동안 남겨두기도 한다. 이른바, 뒤끝 있는 사람들이다.

기억의 뒤끝,
지우는 것도 중요하다

갈등을 겪었거나 기분 상한 일들을 오랫동안 기억에 남겨두는 것은 스트레스해소에 치명적인 일이다. 이는 관계개선의 의지를 꺾어놓기 십상이다. 과거의 안 좋은 기억이 상대를 '꼴도 보기 싫은 사람'으로 각인시키기 때문이다. 이렇게 되면 상대가 화해의 손길을 뻗어도, 쉽게 마음의 문을 열기 어렵다.

　껄끄러운 관계가 지속되는 것이 마음에 부담이 된다면, 직접 나서서 해결하는 것이 바람직하다. 그렇게 할 상황이 아니거나, 그러고 싶은 마음이 생기지 않아도 자신을 컨트롤할 수밖에 없다. 특히, 관계에서 쌓인 스트레스가 스스로의 마음건강을 해치고 있다면 때로는 과거의 불쾌한 경험을 잊어버리거나 무시해버려야 한다. 홀

기억의 뒤끝, 지우는 것도 중요하다.

의도적으로 지우고 싶은 기억을 떠올리면서

동시에 기분 좋은 음악을 듣자.

이 행위를 여러 번 반복하게 되면

동료들 다 보는 앞에서 상사에게

호되게 깨진 기억이 날 때마다

행복한 음악이 같이 떠오르면서

불쾌함의 농도를 옅게 만들어줄 것이다.

훌 털어버리라는 것이다.

　이런 이야기에 "어떻게?"라고 되묻는 이들이 많을 것이다. 기억이라는 게 어디 지우고 싶다고 지워지는 것인가. 영화 〈맨 인 블랙〉에 나오는 기억 지우는 도구라도 있으면 좋으련만, 아직까지 지우고 싶은 기억을 완벽히 없애는 방법이란 지구상에 존재하지 않는다. 다만 나쁜 기억의 충격을 약화시키는 몇 가지 방법이 있다.

　먼저 의도적으로 지우고 싶은 기억을 떠올리면서 동시에 기분을 좋게 만드는 사진이나 그림을 보거나, 음악을 듣는 방법이 있다. 이 행위를 여러 번 반복하게 되면 동료들 다 보는 앞에서 상사에게 호되게 깨진 기억이 날 때마다, 동시에 기분 좋은 풍경이나 사랑하는 사람의 얼굴, 행복한 음악이 같이 떠오르며 불쾌함의 농도를 옅게 만들어줄 것이다.

　다음으로 나쁜 기억이 떠오를 때마다 짧게 여러 번 호흡하며 호흡 그 자체에 정신을 집중하는 방법이 있다. 가슴이 답답할 때마다 한숨을 쉬는 사람이 있는데, 이렇게 하면 잠시 동안 답답함은 풀릴지 몰라도, 결국 기분이 가라앉고 한숨소리를 듣는 주변사람들까지 힘 빠지게 하는 결과를 낳게 된다. 그럴 것이 아니라 짧고 강하게 5~10번 정도 호흡을 하게 되면 정신이 맑아지고 마음도 가라앉으며 집중의 대상을 다른 곳으로 돌리는 효과까지 거두게 된다.

　집중의 대상을 완벽하게 바꾸기 위해 사물을 이용하는 방법도 있다. 잠시 컴퓨터 자판이나 연필꽂이, 서류파일을 바라보며 생각을 비우는 연습을 해보자. 약 2분 정도 이렇게 집중하게 되면 극도의 스트레스상태에서 벗어나게 된다. 일종의 명상이라고 할 수 있는 이 행위는 언제 어디서나 할 수 있어 간편하며, 부수적으로 집중력을 향상시키는 효과도 얻을 수 있다.

이 모든 방법을 시도하기 전에 가장 먼저 생각해야 할 것이 있다. '가장 중요한 것은 나 자신'이라는 사실이다. 나 자신의 건강, 나 자신의 행복이 우선이라는 것이다. 내가 건강해야, 내가 행복해야 내 주변사람들도 즐거울 수 있고 스트레스를 받지 않을 것이라는 자각. 이것이 있으면 어떤 상황이 와도 쉽사리 흔들리지 않게 된다.

부록

삼각 스캔들을 둘러싼
또 하나의 심리,
조직의 속마음

엄마가 아이의 마음, 남편의 마음을 읽는 데 관심이 높다면, 기업도 직원들의 마음을 읽는 데 관심이 높다. 한 발 더 나아가 조직단위의 심리를 관리하는 데도 신경을 쓰고 있다. 조직심리란 상호작용을 통해 구성원들이 공유하고 있는 심리상태를 의미한다. 이것은 구성원들 사이의 역학관계, 외부자극에 의해 형성되기 때문에, 때로는 한 개인의 생각이나 의도와는 전혀 다른 방향으로 형성되고 표출될 수 있으며 나쁘게 흘러갈 경우 조직의 건강을 해치기도 한다.

실제로 현장의 상당수 리더들은 조직심리 관리가 제대로 이루어지지 않는 데 대해 고충을 토로한다. '부서 간 협업이 잘 이루어지지 않는다', '조직에 냉소적인 분위기가 팽배하다', '혁신을 하려는 시도가 번번이 실패한다' 등의 이야기들을 종종 하는데, 이런 현상은 구성원 개개인의 특성 때문에 발생하는 것이 아닌 경우가 많다. 오히려 조직 내부를 두텁게 둘러싸고 있는 어떤 심리작용 때문일 수 있다.

　개인의 심리는 일대일 면담, 코칭 등을 통해 관리하는 것이 오히려 쉬울 수 있으나, 조직 내에 형성된 심리는 한 번 굳어지면 쉽게 바꾸기 어려운 것이 특징이다. 그렇기 때문에 조직의 리더는 긴장의 끈을 놓지 않고 지속적으로 관심을 가질 필요가 있다. 구성원들의 행동, 서로 간의 상호작용에 대한 관찰 등을 통해 조직의 심리상태가 조직의 성과나 건강에 긍정적 또는 부정적인 방향으로 작용하고 있는지 모니터링해야 한다는 의미다.

　물론 어느 방향이 좋은 것이다, 라고 콕 집어 이야기할 수는 없다. 예를 들어, 조직쇄신과 긴장감 유발을 위해 외부인재를 수시로 채용한다고 가정해보자. 이는 조직의 관성을 약화시키는 장점은 있을 수 있으나, 구성원들 사이에 '내부육성만으로는 리더로 성장하는 데 한계가 있다'는 부정적인 인식을 싹 틔울 수 있다. 결국 균형감각이 중요하다는 의미다.

우리 조직 '심리 건강' 진단법

우리 조직의 심리 건강은 어떤 수준일까? 다음 문항들에 1~5점으로 응답해보자.

전혀 그렇지 않다: 0점 | 그렇지 않다: 25점 | 보통: 50점 | 그렇다: 75점 | 매우 그렇다: 100점

1. 회의시간에 상사 이외에는 누구도 의견을 제시하지 않으려 한다. ＿

2. 구성원들이 상사의 의견에 반대하거나 다른 의견을 말하기 꺼린다. ＿

3. 하나의 아이디어, 방안에 대해 장점과 단점을 다양한 각도에서 고민하지 않는다. ＿

4. 인사가 공정하게 이루어지지 않고 누군가에 의해서 좌우된다. ＿

5. 상사가 특별히 챙기는 직원들이 있다. ＿

6. 정확히 알려지지는 않았으나 정기적인 사모임이 존재한다. ＿

7. 구성원들이 실패에 대한 처벌이 두려워 새로운 도전, 시도를 꺼린다. ＿

8. 시장 또는 고객 대응이 늦었다는 평을 종종 듣는다. ＿

9. 현재의 방식이 최선이라고 생각하는 경향이 있다. ＿

10. 회사가 제시하는 정책, 방안에 대해 불신이 팽배하다. ＿

11. 구성원들이 회사의 방침을 제대로 수용하거나 따르지 않는다. ＿

12. 회사나 리더에게 실망했다는 구성원들이 많다. ＿

13. 구성원들 사이에 조직의 규모가 필요 이상으로 커지고 있다는 인식이 있다. ＿

14. 업무중복으로 인해 본인의 업무영역이 불명확한 직원들이 상당수 존

재한다. ___

15. 문제가 발생해도 누구 한 명 나서지 않고 책임을 회피하려고만 한다.

___

16. 부서 간에 협업이 잘 이루어지지 않고 따로 움직인다. ___

17. 경영진의 의사결정 내용이 빠르게 실행되지 않는다. ___

18. 회사의 중요한 정보가 제대로 전파, 공유되지 않는다. ___

1~3번까지는 획일주의/집단주의에 관한 항목이다. 4~6번은 라인문화/파벌문화에 관한 항목이며, 7~9번은 복지부동/관성에 관한 항목이다. 이어지는 10~12번은 냉소주의, 13~15번은 무임승차, 16~18번은 조직 이기주의에 관한 항목이다. 3개씩 묶이는 각 영역의 점수를 모두 합한 다음, 3(문항 수)으로 나눈다. 이 점수가 75점 이상인 경우, 조직에 부정적인 심리가 만연한 것일 확률이 높다. 다음의 표에 체크해보고 여러분 조직의 상태를 파악해보자.

	0점	25점	50점	75점	100점
획일주의/집단주의(1~3번)					
라인문화/파벌문화(4~6번)					
복지부동/관성(7~9번)					
냉소주의(10~12번)					
무임승차(13~15번)					
조직 이기주의(16~18번)					

예스맨 조직이 가져온
반전 1

모두가 '예'라고 말할 때 손을 들고 반대의견을 내놓기 위해서는 상당한 용기가 필요하다. 특히 회사에서 상사의 의견과 배치되는 의견을 말하는 것은 금기에 가깝다. 결연한 각오가 되어 있지 않고서는 어려운 일이다.

때문에 수직적인 조직문화가 꼭 나쁜 것만은 아니다. 빠르게 의사결정을 할 수 있고 실행력을 높일 수 있다는 장점도 분명히 있다. 그러나 자칫 모든 사람들이 잘못된 길을 가고 있는 것조차 모르고 집단사고(Groupthink, 중요한 의사결정을 내려야 하는 집단이 대안에 대한 분석과 이의제기를 억제하면서 공동의 합의를 쉽게 이루려고 하는 왜곡된 사고유형)에 빠질 수도 있다. 조직문화를 경직시켜 구성원들의 자율과 창의를 억제시킬 우려도 있다. 만장일치에 기뻐할 것이 아니라 놓친 것은 없는지, 잘못된 길을 선택한 것은 아닌지, 되돌아볼 줄 아는 지혜가 필요하다.

짜장면 vs.
짬뽕

상사나 동료들과 함께 중국집에 가서 음식주문을 할 때, 다른 사람들이 모두 짜장면을 시키면 자기 혼자 다른 음식을 주문하는 것이 눈치가 보여 다수의 의견에 따르는 경우가 종종 있다. 다른 음식을 주문했을 때 늦게 나올 것을 우려하는 사람들의 보이지 않는 압력이나, 상사에 대한 복종심리가 작용하기 때문이다.

신경학분야에서도 동조나 복종심리가 인간의 행동변화에 영향을 미친다는 연구결과가 있다. 뇌신경학자 바슬리 클루카레프Vasily Klucharev 박사는 집단 내 합의에 이르는 과정에서 뇌 신경계가 어떻게 작용하는지 실험을 했다. 실험참가자들에게 인물사진을 보여주고 어떤 얼굴이 매력적인지 평가하도록 한 뒤, 기능적 자기공명영상 장치를 이용해 뇌 활동을 관찰했다. 그 결과, 실험 참가자들이 집단의 의견과 다른 평가를 할 경우 뇌의 RCZ(Rostral Cingulate Zone)와 NAc(Nucleus Accumbens) 영역이 활발하게 움직이는 것으로 나타났다. RCZ는 자신이 한 행동이 가져올 결과를 예측하는 역할을 하며, NAc는 학습 및 보상을 예측하는 기능을 하는 영역으로 알려져 있다.

이와 같은 결과에 대해 박사는 집단과 자신의 의견이 다를 경우, 뇌의 두 영역이 활성화되어 일종의 예측오차신호를 발생시킨다고 설명했다. 즉, 자신의 의견이 다수와 다를 경우 뇌가 이를 인지하고 행동에 교정이 필요하다는 경고신호를 보내고, 자신의 생각이나 행동을 되도록 집단의 의견에 맞추는 것이다. 결국 집단의 영향이 개인의 의사결정이나 행동에 영향을 미치는 셈이다.

　조직 내 의사결정과정에서도 마찬가지다. 특히 수직적 조직, 권위주의적인 문화가 뿌리 깊게 자리 잡은 경우라면, 엄격한 위계질서에 바탕을 둔 상명하복, 만장일치에 대한 암묵적 압력 때문에 개인의 의사와는 다르게 의사결정이 이루어질 확률이 높다. 물론 여기에는 조직의 응집력을 도모하고, 빠른 의사결정을 통해 실행력을 강화한다는 장점이 있을 수 있다. 그러나 예스맨 조직은 조직의 다양성을 해치는 것은 물론, 견제와 균형의 기능도 제대로 작동시키지 못하며, 하나의 사안에 대해 고려해야 하는 장점과 단점을 충분히 감안하기 어렵다. 더불어 의사결정이 옳은 방향으로 이루어진다면 문제가 없지만, 반대의 경우라면 심각한 결과를 초래할 수 있다. 미국 역사상 가장 쓰라린 패배 중 하나로 기억되고 있는, 쿠바에 대한 '피그만 침공사건'처럼 말이다.

스스로 파고만
함정

1961년 4월 17일 미국은 1,400명의 반카스트로 쿠바 추방자들로 구성된 무장군인들을 쿠바 남부의 해안 피그만으로 침투시켰다. 쿠바의 카스트로정권을 몰아내고 친미정부를 수립하기 위함이었다. 그러나 여러 위험요인들을 고려하지 않은 채 실행된 이 작전은 결국 실패하고 만다. 이때 1,200명에 가까운 사람들이 죽거나 체포되었고, 미국은 포로들의 몸값으로 5,000만 달러 상당의 식량과 의약품을 내야만 했다.

당시 이 결정에 참여한 자문위원들은 미국 안에서도 핵심브레인이라 할 수 있었던 저명한 학자와 합리적 의사결정의 전문가들이었다. 그럼에도 불구하고 자문위원들은 여러 가지 대안에 대해 충분한 검토를 하지 않았을 뿐만 아니라, 만장일치의 의사결정을 내려야 한다는 중압감 때문에 이의제기를 최대한 억제했다.

이들은 결국 의사결정과정에서 나타나는 집단착각 현상, 즉 집단사고에 빠진 것이다. 위의 사례뿐만 아니라 미국의 베트남 확전 결정, 히틀러의 유대인학살 등도 집단사고의 예라 할 수 있다. 집단사고는 조직의 운명을 좌우할 만큼 중요한 의사결정을 내려야 하는 집단에서 종종 발생하며, 그 발생원인으로 크게 몇 가지를 꼽을 수 있다.

먼저, 집단의 결속력이 상당히 높은 경우 집단사고가 발생할 수 있다. 공동체의식이 강한 집단일수록 다수의 의견에 동조해야 한다는 압박감이 생겨서 구성원 스스로 반대의견을 억제하거나 침묵으로 일관하게 되기 때문이다.

다음으로, 집단구성원 스스로가 합리적이고 완벽한 존재라고 생각하는 오만과 편견에 빠질 경우 집단사고의 발생확률이 높다. 이렇게 되면 집단의 구성원들은 자신과 다른 의견을 가진 사람들을 도덕적이지 못하거나 불완전한 존재로 과소평가하게 된다.

마지막으로, 구성원들 중에 스스로를 집단의 이익을 옹호하는 대변인이라고 생각하는 사람이 있을 때 집단사고가 발생할 수 있다. 이 구성원은 집단의 의견이 나뉠수록 조직의 응집력이 훼손될 수 있다고 판단하기 때문에, 비판적 사고의 유입을 차단하고 집단의 의견을 한 방향으로 통일시키려고 한다.

이러한 원인들에 의해 집단사고가 발생하면 의사결정과정에서 여러 가지 문제점이 생겨난다. 우선, 대안의 수가 적을 뿐만 아니라 대안에 대한 논의가 활발하게 이루어지지 않는다. 그리고 다수가 선호하는 안에 대해 비판적 사고에 입각한 재검토가 이루어지지 않는다. 새로운 정보를 선별적으로 채택하는 잘못을 범할 수도 있다.

집단사고,
예방도 가능하다

조직에서 집단사고에 빠지는 우를 범하지 않기 위해서는, 우선 이슈를 공개적으로 논의하거나 리더가 자유로운 토론분위기를 만드는 것이 중요하다. 아무리 시대가 변했다고는 하나, 상사 앞에서 부하직원이 의견을 내기란 쉬운 일이 아니다. 더구나 상사의 의견과 반대되는 주장은 더욱 그렇다. 상사가 앞장서서 개방적인 소통의 문화를 만들 필요가 있다. 회의 석상에서 직급에 상관없이 개별적인 의견개진 기회를 부여해보자.

논의집단 자체를 찬성하는 쪽과 반대하는 쪽으로 이원화하는 방법도 있다. 각 집단에서 자신들의 주장을 뒷받침할 만한 자료를 수집하고, 장단점을 따져보게 하는 것이다. 제기된 주장에 대해 흠을 잡는 '반론 대변인'을 의도적으로 두는 방법도 고려해볼 수 있겠다.

참고로 집단사고를 처음 연구, 발표했던 예일대 심리학과 어빙 제니스Irving L. Janis 교수는 조직에서 일어나는 의사결정이 보다 합리적으로 이루어지기 위해서 리더가 지켜야 할 몇 가지 행동지침을 제시했다.

그에 따르면, 리더가 먼저 나서서 자신이 선호하는 안을 제시하지 말고 중립을 지켜야 한다. 어떤 제안에 대해서도 비판을 자유롭게 할 수 있도록 권장하는 것도 필요하다. 다양한 의견이 수집될 수 있도록 소규모 집단별 토의를 한 뒤에, 전체 구성원들이 모여서 종합토론을 진행하는 것도 하나의 방법이 될 수 있다.

일부 직원들이 보고서의 맨 마지막에 Q&A를 정리하는 것처럼, 의문이 생기거나 반대의견이 있을 때 이를 정리해보자. 경쟁집단과의 문제를 논의하는 경우, 상대 집단이 취할 수 있는 가능한 방안에 대해 미리 점검해보는 것도 좋다. 그리고 토론과정에 참여하지 않은 구성원들의 의견을 수집하는 한편, 외부전문가들에게 의사결정 내용을 제시하고 반박의견을 들어보는 것도 필요할 수 있다. 최종결정을 하기 전에 다시 한 번 대안들에 대해 생각하는 시간을 가져보는 것도 권유할 만하다.

성골과 진골의
구분이 **조직을 와해시킨다** 2

조직에서 내 편, 네 편을 구분하는 이른바 라인은 조직을 병들게 하는 주요요인으로 꼽히지만, 한국기업에서는 흔히 볼 수 있는 현상이기도 하다. 잡코리아가 직장인을 대상으로 설문조사한 결과에서도 응답자 10명 중 7명은 '회사 안에 라인문화가 있다'고 답했다. 사내 라인문화 때문에 스트레스를 받거나, 인사나 승진기회에서 불이익을 받는 사례도 많다고 한다.

사람이 모이면 라인, 파벌이 없을 수 없다. 하지만 조직을 병들게 하는 요인 중 하나로 이것을 지적하는 이들이 많다는 게 문제다.

한국의
라인문화

한국기업이든 서구기업이든 라인문화는 존재한다. 물론, 개인주의 성향이 강한 서구의 기업보다는 집단주의성향이 강한 한국기업에서 라인문화가 더 발달한 것이 사실이다. 특히 한국의 라인문화는 조직의 규모와 상관없이 고향, 출신학교 등을 중심으로 최고연장자부터 막내까지 다양한 집단을 형성한다. '김 상무 라인', '○○ 지역 라인', '○○ 학교 라인' 등.

라인문화는 왜 만들어지는 것일까? 조직에서 파워를 가지고 싶고, 소외되고 싶지 않은 개인들의 심리가 만나 라인이 만들어진다고 볼 수 있다. 세력화를 통해 권력을 가지고 싶어하는 집단의 심리와 소속감을 가지고 싶어하는 개인의 심리가 만나게 되면 라인이 생겨나는 것이다.

이렇게 형성된 라인은 쉽게 없어지지 않는다. 라인에 있는 사람들은 그렇지 않은 사람들에 비해 상대적으로 우월한 위치에 있다고 생각하는 경향이 있는데, 이를 지속적으로 유지하기 위해 라인에 있는 사람들을 서로 편애하는 경우가 많다. 이것이 극단적인 형태가 되면 불공평한 분배(평가나 승진, 보상 등)를 하는 일까지 생긴다. 이런 것들이 집단의 결속력을 더욱 강화시키는 수단으로 활용되기 때문에, 라인문화가 유지되는 것이다.

많은 사람들이 라인문화의 폐해를 지적하면서도, 속으로는 라인에 속한 사람들을 부러워하기도 하고, 그 라인에 들어가기 위해 로비를 펼치기도 한다. 특히 라인에 있는 사람들이 승승장구하거나 회사에서의 입지가 강해질수록 이런 현상은 두드러진다.

회사에서 라인은 공공연한 비밀로 여겨진다. 이것을 입 밖에 내거나 공개 석상에서 거론해서는 안 되지만, 이것은 많은 사람들이 인지하고 있는 공공연한 사실인 셈이다.

라인은 긍정적인 이미지보다 부정적인 이미지가 강하다. 기업이 반드시 뿌리 뽑아야 할 문제로 라인문화를 지적하는 사람들도 있다. 부작용이 크기 때문이다. 라인에 대한 사람들의 인식은 일반적으로 이렇다.

'라인 사람들끼리 자기 식구 챙기기에 여념이 없다.' '원칙 없이 라인에 의해 인사가 이루어진다.' '두 라인이 있으면 서로 으르렁거리며 파벌싸움을 벌인다.' '라인 때문에 조직의 화합이 제대로 이루어지지 않는다.'

무엇보다 라인문화는 조직의 역량을 축적하고 시너지를 도모하는 데 악영향을 미친다. CEO를 비롯한 주요경영진 또는 조직장이 바뀌면, 소위 반대라인의 인력들이 감자줄기 뽑히듯이 조직에서 숙청당하는 일이 비일비재하기 때문이다. 라인에 속하지 않은 사람들은 승진자 명단에서 제외되거나 주요보직에서 해임되기도 하고, 부서 내 핵심업무에서 배제되기도 한다. 최악의 경우 회사를 떠나는 사람도 생긴다.

황태자
만들지 마라

라인문화는 누군가가 세력을 만들고 권력을 가지고 싶은 의도에 의해 만들어지기도 하지만, 의도하지 않은 가운데 형성되기도 한다. 예를 들면, 리더의 총애를 받는 소위 '황태자'가 생길 때 그렇다. 이들 사이에 실질적인 라인이 형성되어 있지 않더라도 주변의 사람들은 '누가 누구를 챙긴다'라는 식의 인식을 가지기 마련이다. 리더들이 이러한 의심으로부터 자유로워지기 위해서는 조직 내에 황태자를 만들어서는 안 된다.

라인문화를 타파 또는 예방하려면 부서 간의 인력이동, 리더들 사이의 보직변경 등을 정기적으로 실시해야 한다. 한 부서에 오래 있을수록 그들 사이에 집단이 형성될 확률이 더 높기 때문이다. 개인의 경력개발 차원에서도 이렇게 하는 것이 좋다.

보다 근본적으로는 성과주의 문화의 정착이 필요하다. 주로 라인문화가 견고해지는 까닭은 특정집단에 의해 인사가 이루어지기 때문이다. 철저하게 개인의 역량과 성과에 따라 인사가 이루어지도록 하는 것이 라인문화의 폐해를 예방하는 지름길인 것이다.

해온 방식
그대로

3

학창시절, 과학시간에 배운 '외부로부터 힘의 작용이 없으면 물체의 운동상태는 현재의 상태를 그대로 유지한다'는 관성의 법칙을 누구나 기억할 것이다. 이러한 관성의 힘이 조직 내에 장기간 유지될 경우, 성공을 가로막는 위협요인이 된다. 구성원들이 현재의 상태에 만족해서 변화하려는 시도를 하지 않을 경우, 혹은 한 번의 성공경험에 도취된 나머지 성공방정식을 지속적으로 모든 사업에 적용하려고 하는 경우가 이에 해당한다.

편안함과 안락함을 느끼는 순간, 조직은 쇠퇴의 길에 접어든다. 끊임없이 변화를 추구해야 하고, 제로베이스에서 현재의 방식에 문제가 있는 것은 아닌지 들여다봐야 하는데, 지속성장에 실패한 기업들은 이를 간과했던 것 같다.

모토로라는 2005년 디자이너, 예술가, 운동선수 등 다양한 분야의 전문가들을 개발에 참여시켜 만든 '레이저폰'이 크게 히트하면서 업계 2위로 도약하는 큰 성공을 거두었다. 그러나 갈수록 다양해지는 고객의 욕구를 충족시키기보다는, 빅히트 제품을 개발하는 것에만 집착하게 되면서 하향세에 접어든다. 레이저폰의 성공이 독약이 되어 모토로라의 성장을 더디게 만드는 요인으로 작용한 것이다.

노키아의 사례도 흥미롭다. 최근까지 이 회사는 빅히트 제품을 고수하기보다는 다양한 고객의 욕구를 충족시키기 위해 하나의 플랫폼을 이용하여 여러 제품라인업을 구성함으로써 업계에서 상당한 시장지배력을 갖게 되었다. 하지만 애플이 주도한 스마트폰 열풍에 제대로 대응하지 못해 그동안 쌓아왔던 지배력을 점차 잃어가고 있다.

이처럼 조직이 과거의 성공방식을 고수하거나 변화에 제대로 적응하지 못하는 것은 구성원들 사이에 대체로 심리적 관성Psychological Inertia이 자리 잡고 있기 때문이다. 지금 진행 중인 것을 중단해야만 한다거나 변화를 해야만 하는 확실한 논리와 근거가 있음에도 불구하고, 그것을 무시하고 기존에 내린 결정 또는 방식을 그대로 유지하려는 경향이 알게 모르게 우리를 지배하고 있다는 말이다.

편하다고 느끼는 순간, 망한다

지금까지와는 다른 방식, 기존에 없던 새로운 무언가를 만들어내기 위해서는 상당한 노력이 필요하다. 반대에 부딪히기도 하고 실패에 따르는 리스크도 감수해야 한다.

혁신기업으로 잘 알려진 3M도 구성원들이 심리적 관성에 빠지지 않고 새로운 시도를 끊임없이 해왔기에 명성을 유지할 수 있었다. 마스킹 테이프Masking Tape가 만들어진 과정도 그렇다. 3M의 엔지니어였던 딕 드루Dick Drew는 자동차공장을 방문했다가 우연히 도장작업을 하는 직원들의 불평을 듣게 된다. 자동차에 색을 입힐 때 테이프가 사용되는데, 이것의 접착력이 너무도 강해 테이프를 떼어낼 때마다 페인트가 벗겨진다는 것이었다. 접착력이 덜한 테이프가 필요했다.

딕 드루는 각종 재료를 조합하여 이 아이디어를 제품개발로 연결시키기 위해 노력했다. 그러나 실패는 거듭되었고 경영진 또한 신제품 개발보다는 기존 제품의 품질개선에 주력할 것을 지시했다. 경영진의 만류에도 불구하고 딕 드루는 연구를 거듭했고, 결국 기존 테이프보다는 접착력이 덜한 마스킹 테이프를 만들어냈다. 이것이 훗날 '포스트 잇' 개발의 밑바탕이 되었다.

항상 해오던 일을 하면 항상 얻던 것만 얻게 된다. 딕 드루가 공장직원들의 이야기에 귀 기울이지 않고 기존 제품의 품질개선에만 몰두했다면, 마스킹 테이프의 개발은 이루어지지 않았을 것이다. 편안함을 버리고 도전을 택했기에 가능했던 일이었다.

혁신과 발전이 이루어지기 위해서는 개인의 열정도 중요하지만, 조직문화 역시 간과할 수 없다. 실패를 용인하고 그로부터 학습하는 조직문화가 정착되어 있다면, 직원들은 기존의 틀을 깨고 새로운 도전에 적극적으로 나서려고 할 것이다. 그러나 실패에 대한 책임규명과 엄격한 처벌문화가 자리 잡고 있으면 직원들은 복지부동하고 만다.

혼다의 창업자 혼다 소이치로는 "실수와 실패를 하지 않는 직원은 위에서 시키는 일만 하는 사람이다. 한 번 성공하면 그동안 실패한 99퍼센트를 보상받을 수 있으니, 실패는 두려워할 것이 아니다"라고 말했다. 창업자의 이러한 철학은 실패를 용인하는 것에서 더 나아가 실패를 장려하는 '올해의 실패왕'이라는 포상제도에도 묻어 있다.

제로베이스 사고가
관성에 특효약

조직이 심리적 관성에 빠지지 않기 위해서는 무엇보다도 제로베이스 사고가 필요하다. 설령 기존의 방식이 맞는 것이라 할지라도 의도적으로 원점에서부터 다시 생각해보고, 바라보는 시각도 달리해보는 것이다.

새로운 리더를 영입하거나 새로운 조직을 신설하는 방법도 있다. 신사업을 추진할 경우, 기존의 사업방식이나 사고방식에 영향을 받지 않도록 아예 신사업조직을 별도로 두는 것이 좋다. 기존 조직 내에 신사업조직을 설치할 경우, 리스크에 민감한 조직원들에

의해 업무 하나하나에 제동이 걸릴 가능성이 크다.

어린 코끼리를 도망가지 못하도록 작은 말뚝에 매어놓으면 성장한 이후에도 말뚝을 뽑아버릴 수 있다는 생각을 하지 못한 채 그냥 묶여 있다고 한다. 조직이 심리적 관성에 얽매여 있으면 과거의 습성에 젖은 채 새로운 아이디어를 창출하지 못하게 된다. 불쌍하고 어리석은 코끼리와 다를 바 없어지는 것이다.

냉소주의가
조직을 얼어붙게 만든다

《범망경梵網經》에 '사자신중충獅子身中蟲'이라는 고사성어가 등장한다. 사자가 죽어 시체가 되면 그 몸속에 벌레가 생겨서 시체를 먹는 것이지, 외부의 벌레가 시체를 먹는 것이 아니라는 뜻이다. 이는 '내부에서 재앙을 일으키는 요인', '조직에 해를 끼치는 사람'이란 뜻으로 널리 쓰인다.

조직관점에서 보면, 조직에 냉소적인 시각을 갖고 있는 사람이 여기에 해당된다. 냉소적인 시각은 전염성이 강해 동료들에게 쉽게 전이되고 만다. 이럴 경우 조직 전체가 냉소주의에 빠지는 것은 순식간이다. 냉소주의가 만연한 조직은 열정을 상실하고 움직임 또한 둔화될 수밖에 없다. 조직에 대한 몰입이나 자발성을 저하시키는 원인이 되는 것이다.

처음부터 냉소주의가 생기는 것은 아니다. 이는 조직에서 발생한 몇 가지 경험에 의해 형성된다. 따라서 리더는 이에 특히 주의해야 한다. 자칫하면 냉소주의가 순식간에 조직을 장악하여 손쓸 수 없는 상황이 닥칠지도 모른다.

우리 회사가
그렇지 뭐!

한때 한국기업의 전통적인 강점 중 하나는 응집력이라고 해도 과언이 아니었던 적이 있다. 여럿이 하나가 되어 일사불란하게 움직이는 조직문화는 그동안 한국기업의 고성장비결 중 하나로 줄곧 지목되어왔다.

이러한 문화는 여전히 유효하긴 하지만, 과거에 비해 상당히 퇴색된 것이 사실이다. 응집력에 대한 어느 설문조사에서 '당신의 팀은 응집력이 강합니까?'라는 질문에 '그렇다'라고 응답한 사람의 비율은 32퍼센트에 그쳤고, '그렇지 않다'라고 응답한 사람의 비율도 22퍼센트나 되었다. 직장인들은 응집력에 악영향을 미치는 요소로 냉소주의를 꼽았다. '구성원들 사이에 우리 회사가 그렇지 뭐, 라는 식의 냉소적인 시각이 있다'고 응답한 사람이 10명 중 4명에 달했다. 냉소적인 시각을 가지게 된 이유로는 '매번 말뿐이고 실행은 잘 안 되기 때문'이라는 응답이 29퍼센트로 가장 높게 나타났다. '경영진과 상사가 구성원의 의견에 귀 기울이지 않기 때문'이라는 응답이 그 다음을 이었다.

또한, 응집력이 높다고 응답한 집단과, 낮다고 응답한 집단을 나누어 각 집단에서 나타나는 냉소주의 응답비율을 살펴보았다. 그 결과, 응집력이 높은 집단의 경우 '조직 내에 냉소주의가 있다'라고 응답한 비율이 23퍼센트에 불과했으나, 응집력이 낮은 집단에서는 62퍼센트에 이르렀다. 냉소주의가 조직의 응집력에 상당한 영향을 주고 있음을 알 수 있었다.

냉소주의는 크게 세 단계를 거쳐 발생한다. 첫 번째 단계는 조직에 대한 기대의 형성이고, 두 번째 단계는 이러한 기대가 충족되지 못한 것에 대한 실망, 세 번째 단계는 이러한 과정에서 발생하는 배신감이나 환멸감의 순환이다. 그래서인지 냉소주의는 급격한 혁신을 추구하는 조직에서 종종 목격된다. 경영층이 직접 나서서 한 단계 도약을 위한 혁신을 부르짖지만, 실행이나 지원이 뒷받침되지 않을 경우 또는 혁신을 달성한 이후에 기대한 보상이 주어지지 않을 경우 냉소주의가 싹틀 수 있다.

비틀비틀 행보를 지양하라

조직에 대한 구성원들의 냉소주의가 자리 잡지 않도록 하기 위해서는 무엇보다 일관성 있는 조직운영이 중요하다. 냉소적인 태도를 지닌 직장인들의 이야기를 들어보면 "회사가 사안에 따라 이랬다저랬다 하는 것을 보면서 실망했다"라는 말을 자주 한다. 이런 실망을 한두 번 반복적으로 경험하다 보면, 회사의 정책에 대해 '제대로 되겠어', '우리 회사가 그렇지 뭐'라는 식의 생각을 가질 수밖에 없는 것이다.

냉소주의를 타파하고 조직 내 신뢰를 회복하기 위한 가장 손쉬운 방법은 바로 조직이 정한 원칙을 제대로 실천하는 것이다. 원칙에 따라 조직을 운영하려면 리더가 조직의 나아가야 할 바에 대해 명쾌한 시각을 갖고, 이에 대한 공감대를 구성원들과 형성해야 한다. 공감대 형성을 위해서는 리더가 구성원들에게 조직의 모든 정보를 제공하는 것이 바람직하다. 특히 부정적인 정보를 숨기거나 보기 좋게 꾸며서는 안 된다.

무엇보다 리더는 정립된 전략방향 및 원칙들을 일관성 있게 실행해나가야 한다. 구성원들은 어려운 시기라도 진실을 말하고 정립된 원칙들을 일관적으로 지켜나가는 조직을 위해 일하고 싶어한다는 사실을 명심할 필요가 있다.

GE는 조직운영원칙이 설정되면 이를 전사적으로 일관성 있게 추진하는 기업으로 유명하다. 한 예로 1980년대 초반 GE는 사업 또는 제품분야에서 1위 또는 2위의 지위를 차지하지 못하는 사업은 과감히 철수시킨다는 사업전략을 수립했다. 이 전략이 제대로 실행될 수 없을 것이라는 회의적인 시각이 팽배했지만, GE는 이를 일관되게 실행했다. 실제로 GE는 1981년부터 1992년까지 1위 또는 2위의 경쟁적 위치를 차지하지 못한 약 110억 달러에 상당하는 사업분야를 매각했다. 대신 신용카드, 보험, 방송국 등의 서비스분야와 첨단의료사업 등 210억 달러에 해당하는 새로운 사업자산을 매입했다.

이러한 일관성 있는 실행은 조직구성원들을 상-중-하로 구분하여 차별적으로 관리하는 활력곡선$^{Vitality\ Curve}$ 운영, 6시그마 도입에서도 동일하게 나타났다. GE는 상황이 어렵다 하더라도 설정한 원칙들을 일관성 있게 실행함으로써 구성원들이 조직에 대한 신뢰를 갖고 조직이 추구하는 방향에 맞춰 자발적으로 노력하는 조직문화를 구축할 수 있었던 것이다.

때로는 아무리 최선의 노력을 기울였다 할지라도 천명한 경영전략이나 원칙을 일관성 있게 지키기 어려운 경우가 있다. 주위환경이 변하기도 하고, 더 이상 약속을 지킬 수 없는 상황이 발생하기도 하며, 애초에 전략을 잘못 수립했거나, 때로는 약속한 것을 실행할 만한 능력이나 자원이 없을 때도 있기 때문이다.

이러한 경우 조직 내의 신뢰가 무너지기 쉽다. 이런 상황이 오면 조직은 신속한 조치를 통해 조직이 냉소주의에 물들지 않도록 해야 한다. 가장 먼저 해야 할 일은 실수를 인정하고 곧바로 사과하는 것이다. 실수를 외면하고 그냥 넘어가려고 한다든가, 남에게 비난을 전가하는 것은 구성원들에게 불신만 증폭시킬 뿐이다. 또한 발생한 문제에 대해서는 즉각적인 시정조치를 취해야 한다.

코카콜라의 전 CEO였던 로베르토 고이주에타$^{Roverto\ Goizueta}$ 회장은 '뉴 코크$^{New\ Coke}$'의 실패에도 불구하고 직원들이나 주주들의 신뢰를 잃지 않았다. 그 이유는 실수에 대한 책임을 본인 스스로 지고, 실수를 바로잡기 위한 조치를 신속히 취했기 때문이다. 일관성을 지키되 잘못되었다고 판단될 경우에는 이를 재빨리 인정하고 시정하는 것이 얼마나 중요한지 보여주는 대목이라 하겠다.

기대심리
조절법

크레스피 효과Crespi Effect라는 것이 있다. 1942년 미국 프린스턴대학교 교수인 심리학자 레오 크레스피Leo P. Crespi가 처음 주장한 것으로, 당근과 채찍이 효과를 내려면 점점 더 강도가 세져야 한다는 것이다. 구성원들은 리더의 말을 경청하고 행동을 주시하며 그 둘이 일치하는지를 살펴본다. 그리고 이 둘이 일치할 때에는 리더를 신뢰하지만, 그렇지 않으면 등을 돌리고 만다.

하지만 리더도 사람이기에 항상 말하고 약속한 것을 실천에 옮길 수는 없다. 때문에 구성원들의 기대심리를 적절하게 관리할 줄 알아야 한다. '기대가 크면 실망도 크다'는 말처럼 경영진이나 조직의 리더가 실현가능성을 고려하지 않고 구성원에게 막연한 기대감만 심어준 채 실행에 옮기지 않을 경우, 마치 양치기 소년이 될 수도 있다. 동화에서처럼 몇 번 속고 나면 냉소적으로 변해서, 진짜 늑대가 나타났을 때 아무런 반응을 하지 않을 수도 있다는 말이다. 당연하지만 리더에게는 실행 가능한 약속만 하고, 무엇보다 자기 말에 책임을 지는 자세가 필요하다.

방관자가 많으면
조직의 성장이 더디다

5

'산 너머 불구경'이라는 말이 있다. 내 눈 앞에서 벌어지고 있는 일인데도 뒷짐만 지고 '누군가는 하겠지'라며 방관하는 것을 빗대어 하는 말이다. 예를 들어, 여러 사람이 함께 물건을 옮기고 있는데, 왠지 자기만 더 힘을 쓰고 있다는 느낌을 받은 적이 있을 것이다. 이는 실제로 자신만 고생을 덜 하려고 노력을 게을리하며 잔머리를 굴리는 동료가 있기 때문이다.

조직 내에도 이렇게 방관자적인 입장을 취하는 구성원들이 적지 않다. 온라인 취업정보업체 사람인www.saramin.co.kr이 직장인 753명을 대상으로 "귀하는 뒷짐 지고 구경하는 갤러리족에 속한다고 생각하십니까?"라는 설문을 진행한 결과, 10명 중 3명이 '예'라고 응답했다. 방관자가 많은 조직은 성장이 더딜 수밖에 없으니 특별히 경계할 필요가 있다.

위기에 처한 사람을 도울 것인가? 이것을 결정하는 것에는 여러 가지 요인이 영향을 미친다. 예를 들면, 성격이라든지 도움을 줄 수 있는 능력, 시간 등이 그렇다. 또 한 가지는 나 이외에 도움을 줄 수 있는 사람이 있는지 여부이다. 한 실험에 의하면 사람들은 목격자가 많을수록 다른 사람을 덜 도와준다고 한다. 도움을 준다고 하더라도 실제 행동을 하기까지 걸리는 시간이 더 길다고 한다. '내가 아니라도 누군가는 하겠지'라는 심리가 작용한 탓이다.

회사에서도 이런 상황을 어렵지 않게 목격할 수 있다. 특히, 힘든 업무일수록 많은 사람들이 '나만 아니면 돼'라는 식으로 산 너머 불구경하듯 행동한다.

조직에서는 '1+1=2'가 아닐 수 있다

수학에서는 1 더하기 1이 2라는 사실에 의심의 여지가 없으나, 여러 사람이 함께 일하는 조직에서는 반드시 이 등식이 성립한다고 말할 수 없다. 이론적으로는 두 사람이 힘을 합쳐서 일을 하면 똑같은 시간에 두 명 몫의 일을 해야 하지만, 오히려 한 명이 할 때보다 더 시간이 소요될 수도 있고 성과가 만족스럽지 못할 수도 있다. 어느 한 사람이 자신의 노력을 게을리하기 때문이다. 이처럼 혼자서 일할 때보다 여러 사람이 함께 모여서 일할 때 자신의 노력을 줄이는 현상을 '사회적 태만Social Loafing'이라 부른다.

왜 조직은 사회적 태만에 빠질까? 심리학자인 막스 링겔만Max

Ringelmann이 밧줄을 당기는 실험을 한 결과, 혼자서 밧줄을 당길 때 투입하는 힘을 100이라 가정할 때 두 명이 함께 당길 때에는 각자 93퍼센트의 노력을, 세 명이 당길 때에는 85퍼센트, 8명이 당길 때에는 50퍼센트의 노력을 기울인다는 사실이 밝혀졌다.

조직생활에서 태만이 발생하는 현상은 팀 전체의 성과만 평가될 뿐, 개개인의 노력이 평가되거나 모니터링되지 않을 때 나타날 수 있다. 각 개인에게 명확하게 역할과 책임을 부여하지 않거나 역할을 분담하게 하더라도 그것을 평가하지 않으면 많은 사람들이 '누군가 나의 몫을 채워주겠지', '팀의 성과는 팀장에게만 영향이 있잖아'라고 생각할 수 있기 때문이다. 그래서 자신의 노력을 평가받지 못하는 일에는 소홀하고, 대신 자신의 성과에 큰 영향을 미치는 일에만 몰입하는 경향이 발생한다.

스스로 자신의 존재가 팀의 목표달성에 중요하지 않다고 생각하는 경우에도 태만이 발생할 수 있다. '내가 없어도 잘 될 거야'라는 식의 자존감 상실만큼 업무수행 동기를 떨어뜨리는 것도 없기 때문이다.

구성원들의 태만을 방지하기 위해서는 팀에서 개인의 노력을 향상시킬 수 있는 방안을 고민해야 한다. 협업의 목적은 각자의 능력을 결합하여 시너지효과를 얻는 데 있다. 그러나 누군가 자신의 노력을 게을리하고, 이것이 동료들에게 바이러스처럼 퍼지게 되면 소기의 성과를 달성하지 못할 수도 있다.

일한 만큼
보상하라

사공이 많아 배가 산으로 가는 것처럼 너무 많은 사람들의 관심 때문에 업무추진이 어려운 경우도 있다. 이 사람, 저 사람에게 휘둘려서 일이 본래의 취지대로 실행되지 않을 우려도 있다. 그러나 조직 내에 방관적인 구성원들이 지나치게 많으면 조직의 성장을 가로막을 수 있다는 점을 잊어서는 안 된다. 누구 하나 자신의 역할이나 책임에 대한 소명의식을 가지지 못하기 때문에 제대로 된 성과를 창출할 수 없기 때문이다.

이런 현상을 방지하려면 무엇보다 책임감이 분산되지 않도록 목표설정에 기초한 성과관리가 뒷받침되어야 한다. 이 경우 리더는 가급적 구성원들의 전문성과 경력을 고려하여 업무분담 및 목표설정을 해야 한다. 개인의 관심분야를 고려하지 않고 업무를 분담할 경우 구성원들의 몰입수준이 떨어질 수 있기 때문이다.

책임과 역할에 대한 정확한 평가도 놓쳐서는 안 될 포인트다. 이를 위해 동료 등 피평가자 주변의 시각을 평가에 포함시키는 것도 고려해볼 만하다. 함께 일하는 동료들이 한 개인의 조직성과 기여도에 대한 다양하고 자세한 정보를 제공할 수 있기 때문이다.

더욱 중요한 것은 일하고 기여한 만큼의 보상이 반드시 이루어져야 한다는 점이다. 구성원들은 자신의 노력을 공정하게 인정받을 때 열심히 일하고자 하는 동기를 갖기 마련이다.

세계적 운송업체인 UPS는 구성원들에게 높은 성과를 요구하는 한편 직원들이 성취감을 느낄 수 있도록, 좀 더 높은 보상을 하려고 노력하고 있다. 회사가 열심히 일하는 종업원들에게 보다 많은 임금을 주는 것이 당연하다고 인식하고 있는 것이다. 특히 UPS는 단순히 물건을 배송하는 운전사로 입사했더라도 회사를 위해 열심히 일하고 능력을 인정받으면 경영진의 자리에까지 올라설 수 있다고 독려하고 있으며, 실제로 이러한 사례가 종종 생겨나고 있다. 따라서 직원들도 열심히 일하면 이에 맞는 보상을 받는다는 점을 잘 알고 있다.

스스로를 고립시킨 두꺼운 벽 **6**

댐 없는 계곡의 물이 아래로 힘차게 내려갈 수 있듯이 조직의 열린 문화는 구성원들의 의사소통을 원활하게 하여 경영을 가속화시킨다. 반면, 직원들 사이에 벽이 있으면 의사소통이 단절되어 정보순환이 원활하게 이루어지지 않을 뿐만 아니라 업무협력도 잘 이루어지지 않는다. 이런 조직이 생기를 잃고 생산성도 하락하게 될 것은 불 보듯 뻔한 일이다.

조직이 세분화되고 조직 내 인적 구성이 다양해지면서 이들 사이에 여러 형태의 벽이 형성되고 있다. 때문에 부서 이기주의 등 부작용이 발생하고 있는 것은 아닌지 사전점검이 필요하며, 이를 극복하기 위한 방법도 적극적으로 모색할 필요가 있다.

규모가 큰 기업이 작은 기업을 이기는 것이 아니라 빠른 기업이 느린 기업을 이긴다. 규모보다는 경영의 속도가 기업의 경쟁력이 되고 있는 것이다. 국내 모 기업의 CEO도 'E(역량)＝M(자원)×C(속도)^2'이라는 공식을 직원들에게 전파하며 속도경영에 전력을 기울이고 있다. 이 공식에 따르면 속도가 2배가 되면 기업의 역량은 4배로 급증하지만, 반대로 속도가 2분의 1이 되면 기업의 역량은 4분의 1로 약화된다.

기업경영에서 의사결정이 늦거나 결정된 사안이 조직에 빠르게 전달되지 않을 경우, 사업진출의 적절한 타이밍을 놓치거나, 심한 경우 이류로 전락할 수도 있다. 따라서 기업이 신속한 의사결정을 통해 경영환경 변화에 발 빠르게 대응하려면 무엇보다 조직 내 정보 및 의사전달이 상하로 원활하게 이루어져야 한다. 이는 벽이 없는 열린 문화를 구축함으로써 해결할 수 있다.

조직의 벽이 경영속도를 늦춘다

과거와 달리 조직의 인적 구성이 다양해지면서 서로의 차이로 인한 갈등이 종종 발생하고 있다. 우리가 흔히 접하는 조직의 벽은 세대차이에서 비롯된 것들이 많다. 최근 들어 세대별로 공유하는 가치와, 현상을 바라보는 시각, 판단기준 등이 급속히 다양해지고 있기 때문이다. 잡코리아가 직장인들을 대상으로 실시한 설문조사 결과를 보면, 응답자의 82.7퍼센트가 직장생활을 하며 세대차이를 경험했다고 응답했다. 특히 세대차이는 기성세대와 X세대, Y세대들 간에 크게 나타나는 편이다. 예를 들면, 기성세대는 조직의 위계, 권위, 안정을 중시하는 반면, X세대와 Y세대는 자유롭고 수평적인 인간관계를 선호하는 등 가치관의 차이가 있다.

이러한 세대차이는 업무수행과정에 부정적인 영향을 미치는 경우가 많다. 조사결과에서도 세대차이가 업무생산성을 떨어뜨린다는 의견이 약 75퍼센트로 높게 나타났다.

사회에 첫 발을 내딛는 대졸 신입사원이나 경력사원들이 부딪히는 조직의 벽도 있다. 또래집단의 문화에 익숙한 대학졸업생들은 엄격한 보고체계나 짜인 업무시간이 익숙하지 않을 수 있고, 전 직장의 의사결정기준이나 행동방식에 익숙한 경력사원들은 새로운 직장의 방식이 낯설 수 있기 때문이다. 최근에는 이들이 새로운 문화에 적응하지 못해 조기에 이직하는 사례들도 어렵지 않게 볼 수 있다.

경우에 따라서는 낯선 문화 때문에 '새 직장 증후군' 같은 정신적 스트레스를 겪는 사례도 있다. 한 병원이 최근 이직한 지 6개월 이내인 직장인 120명을 대상으로 설문조사한 결과에서도 직장을 옮긴 후 극심한 피로감이나 수면장애 등을 겪는 사람들이 63퍼센트에 달하는 것으로 나타났다. 이런 현상이 지속되면 우울증이나 질병으로 발전할 수도 있다.

시장지배력의 확대를 목적으로 기업들 사이의 M&A 사례가 증가하면서 서로 다른 두 기업의 조직문화가 충돌하여 발생하는 조직의 벽도 발견할 수 있다. M&A가 성사되고 나면, 인수기업은 자신의 문화를 강압적으로 이식하려 하고, 인수되는 기업은 내부적으로 더욱 결속을 강화하려는 경향이 강하기 때문에, 두 조직 사이에 벽이 형성되기도 한다. 합병의 경우도 크게 다르지 않다. 아무리 재무적으로 평등한 합병이라 하더라도, 두 조직문화 사이에 충돌이 발생해 내부적으로 어려움을 겪는 경우가 많다. 다임러 벤츠와 크라이슬러의 합병이 대표적인 예라 할 수 있다.

합병 초기, 크라이슬러의 로버트 이튼^{Robert Eaton}과 다임러 벤츠의 유르겐 슈렘프^{Jurpen Schrempp}가 공동경영체제를 구축함으로써 평등한 합병의 성공적인 사례로 꼽혔던 다임러크라이슬러도 내부적으로는 조직문화의 갈등을 겪었다. 즉, 규칙과 통제를 중시하는 다임러 벤츠의 독일식 기업문화가 자율과 창의성으로 대표되는 크라이슬러의 미국식 기업문화와 충돌하여 기업경영에 어려움을 겪은 것이다.

이기주의를 없애고
시너지를 강구하라

'우리 부서의 성과가 먼저'라는 식의 지나친 경쟁심리와 조직이기주의가 조직 간에 두꺼운 벽을 만들 수 있다. 이를 사일로 효과^{Silos Effect}라고 하는데, 각 부서들이 담을 쌓고 다른 부서와 협력과 교류 없이 내부적 이익만을 추구하는 모습이 마치 곡식을 저장해두는 굴뚝모양의 창고를 닮았다는 데서 유래한 말이다.

특히, 조직의 분화가 심화되고 각 조직이 자신만의 성과를 중시할수록 벽은 더욱 두꺼워질 수 있다. 그 결과, 각 조직은 전사 최

적화보다는 조직이기주의에 의한 부분 최적화를 도모할 가능성이 크다.

소니의 사례를 살펴보자. 이 회사는 1995년부터 약 10년간 각 사업부 간의 경쟁과 그것을 통한 성장을 중시하는 정책을 펼쳐왔다. 전형적인 예로 R&D 부문을 보면, 소니는 중앙연구소를 폐지하고 사업부 연구소 체제를 도입했다. 그러나 각 사업부가 각자의 외적 규모와 경쟁력을 키우는 데만 집중하다 보니, 사업부 간의 공동연구에 어려움을 겪고 중복투자를 하는 경우도 많이 생겨났다. 결국 컨버전스시대가 도래했음에도 제품별, 본부별 조직구조로 인해 시장환경에 제대로 대응할 수 있는 제품을 개발하는 데 어려움을 겪을 수밖에 없었다.

조직이기주의가 자리 잡지 않도록 하기 위해서는 서로 간에 시너지를 최대한 살릴 수 있는 방안들을 강구할 필요가 있다. 여러 부서들이 한 가지 문제를 해결하기 위해 협업 팀을 구성하거나 경영층이 주도하는 '전사협의체' 등을 활용하는 것도 좋은 예가 될 수 있다.

국내 모기업도 신제품개발이나 업무프로세스 개선을 위해 관련 부서의 직원들로 구성된 '원 팀One Team' 활동을 활발하게 진행하고 있다. 예를 들어, 신제품 개발을 위해 연구개발과 디자인, 상품기획 조직의 구성원들이 하나의 팀을 구성해서, 제품의 기획단계에서부터 출시단계에 이르기까지 협업을 하는 것이다. 이런 프로젝트가 활성화되도록 분기별로 사례를 공유하고, 큰 성과를 창출한 프로젝트에 대해서는 포상을 하고 있다. 팀원들이 소속감을 느끼고 사기가 충만할 수 있게 다양한 각도에서 지원하고 있는 것이다. 결국 공동의 목표가 확실하고, 그것을 달성해야 할 명분이 분명하다면, 조직은 저절로 움직이게 되어 있다. 그것이 사람의 심리요, 조직의 심리인 것이다.

국내 자료

고영건, 삶에 단비가 필요하다면-인디언기우제 이야기, 박영북스, 2012.

박찬철 · 공원국, 귀곡자: 귀신 같은 고수의 승리비결, 위즈덤하우스, 2008.

홍자성, 심상우 역, CEO 채근담, 일송미디어, 2001.

조범상, '퍼스널 브랜드 구축으로 명품 인재가 되라', LG 주간경제, 2005.12.

조범상, '조직의 벽을 극복하라', LG 주간경제, 2006.10.

김범열 · 조범상, '신뢰받는 직장의 조건', LG Business Insight, 2008.5.

조범상, '보이지 않는 심리가 조직을 흔들 수 있다', LG Business Insight, 2009.11.

조범상, '당신도 리더십 덫에 빠질 수 있다', LG Business Insight, 2010.11.

조범상, '동료의 성격 알면 갈등도 준다', LG Business Insight, 2011.7.

조범상 · 전재권, '직장인 스스로가 본 심리 건강', LG Business Insight, 2012.2.

조범상 · 전재권, '당신이 속한 조직 건강합니까?', LG Business Insight, 2012.5.

뉴데일리, '함께 일하기 싫은 꼴불견 동료 1위는?', 2010.3.29.

동아일보, '이런 부하가 상사 속 터지게 한다… 포천, 6가지 유형 소개', 2007.6.7.

문화일보, '친구 같은 동료 원하지만 현실은 라이벌', 2008.3.11.

매경이코노미, 설문조사 '존경하는 상사의 조건은?', 2005.11.23.

연합뉴스, '직장인 72%, 회사 안에 파벌 있다', 2009.1.5.

연합뉴스, '직장인 36.1%, 나는 잡노마드族', 2006.7.24.

한국경제신문, '무능한 사원보다 불평분자가 더 꼴불견', 2009.6.22.

한국경제신문, '직장인 32%… 나는 뒷짐 지고 구경하는 갤러리족', 2007.8.14.

서울경제신문, '직장 내 세대차이 상사가 더 느껴', 2006.05.29.

파이낸셜뉴스, '직장인 10명 중 4명, 나는 직장부적응자', 2011.7.6.

파이낸셜뉴스, '새직장 증후군… 이직자 63% "힘~들어요"', 2005.3.21.

Hondamagazine, 혼다 철학과 유전자, 2005.12.(2), 20-21.

해외 자료

Anderson, C., Kraus, M. W., Galinsky, A. D., & Keltner, D. (2012). The local ladder effect: Social status and subjective well-being. *Psychological Science*, 23(7), 764-771.

Fliessbach, K., Weber, B., Trautner, P., Dohmen, T., Sunde, U., Elger, C. E., & Falk, A. (2007). Social Comparison Affects Reward-Related Brain Activity in the Human Ventral Striatum. *Science*, 23, 1305-1308.

Hartley, R. F. (2002). Management mistake and successes. NY: John Wiley & Sons.

Harvey, P., & Harris, K. J. (2010). Frustration-based outcomes of entitlement and the influence of supervisor communication. *Human Relations*, 63(11),

1639-1660.

Kensinger, E. A. (2007). Negative Emotion Enhances Memory Accuracy: Behavioral and Neuroimaging Evidence. *Current Directions in Psychological Science*, 16(4), 213-218.

Klucharev, V., Hytonen K., Rijpkema M., Smidts A., & Fernandez G. (2009). Reinforcement Learning Signal Predicts Social Conformity. Neuron, 61(1), 140-151.

Lachut, S. (2009). Google Algorithm Attempts to Diagnose Employee Psychology. Retrieved from http://www.pfsk.com

Powers, E. L. (2000). Employee loyalty in the new millennium. SAM Advanced Management Journal, 65(3), 4~8.

Shirom, A., Toker, S., Alkaly, Y., Jacobson, O., & Balicer, R. (2011). Work-based predictors of mortality: A 20-year follow-up of healthy employees. Health psychology, 30(3), 268-275.

Sonnenberg, M., Koene, B., & Paauwe, J. (2001). Balancing HRM: the psychological contract of employees. *Personnel Review*, 40(6), 664-683.

Stoltz, P. G. (1999). Adversity Quotient : Turning Obstacles into Opportunities. NY: Wiley.

Towers Watson. (2010). 2010 Global workforce study.

회사 심리 병법

Ⓒ 조범상 2016

2013년 3월 15일 초판 1쇄 발행
2016년 10월 5일 2판 1쇄 인쇄
2016년 10월 10일 2판 1쇄 발행

지은이 | 조범상
발행인 | 이원주
책임편집 | 김효선
책임마케팅 | 조아라

발행처 | (주)시공사
출판등록 | 1989년 5월 10일(제3-248호)
브랜드 | 알키

주소 | 서울특별시 서초구 사임당로 82(우편번호 06641)
전화 | 편집 (02)2046-2864 · 영업 (02)2046-2883
팩스 | 편집 · 영업 (02)585-1755
홈페이지 www.sigongsa.com

ISBN 978-89-527-7709-6 03320